शून्य से आख़िर तक

(उपन्यास)

शून्य से आख़िर तक

अर्पित आर्या

हिन्द युग्म
hindyugm.com
BLUE

ISBN: 978-93-92820-95-3

प्रकाशक :
हिंद युग्म ब्लू
सी-31, सेक्टर-20, नोएडा (उ.प्र.)-201301
फ़ोन- +91-120-4374046

मुद्रक : विकास कम्प्यूटर ऐंड प्रिंटर्स, दिल्ली
कला-निर्देशन : विजेन्द्र एस विज

पहला संस्करण : 2024
मूल्य : ₹249

Shoonya Se Aakhir Tak
A novel by *Arpit Arya*

Published By
Hind Yugm Blue
C-31, Sector-20, Noida (UP)-201301
Phone- +91-120-4374046
Email- sampadak@hindyugm.com
Website- www.hindyugm.com

First Edition: 2024
Price: ₹249

समर्पित उनको, जो सफ़र में साथ चले!
समर्पित उनको भी, जो आधे रास्ते से मुड़ गए!
समर्पित उनको, जो आगे मुसाफ़िर मिलेंगे!
समर्पित उनको भी, जो आख़िर तक साथ चलेंगे!
समर्पित उनको, जिन्होंने मज़ाक़ बनाया और नीचे गिराया!
समर्पित उनको भी, जिन्होंने हाथ बढ़ाया और लड़ना सिखाया!

मैं, तुम और हम के लिए!
वयम् के लिए!

भूमिका

उसने विद्यालय में ज्यामिति में पढ़ा था, समानांतर रेखा के बारे में। वह रेखाएँ जो समतल में बनी ऐसी रेखाएँ हैं जो कभी नहीं मिलतीं। या मिलती हैं? जब रेखा बिंदु थी? शून्य से शुरू हुई थी? समानांतर चलती रहती हैं। उनके बीच की दूरी हमेशा एक-सी दूरी रहती है। "but parallel lines intersect at infinity" यह भी उसके अध्यापकों ने उसे रटवा दिया था। समझाया नहीं था। फिर उसने सोचा अब यह इनफ़िनिटी क्या है? यह कौनसी जगह है जहाँ यह रेखाएँ मिलती हैं? उसे इस जगह जाना था। शुरुआत का पता नहीं पर उसे अंत पहले जानना था। उसे इन रेखाओं को मिलते हुए देखना था। जैसे शायद दो अनजान लोग जीवनभर अलग रहते हुए भी किसी एक दिन चलते हुए अचानक मिल जाते हैं और फिर उनकी पूरी ज़िंदगी एक-दूसरे के घेरे में घूमती रहती है। गोल चक्कर लगाती रहती है। लेकिन क्या यह जीवनभर जैसा कुछ है भी इस दुनिया में? हमेशा? इनफ़िनिटी? क्या इनफ़िनिटी एक्ज़िस्ट भी करती है?

उसे शकरकंद बहुत पसंद थे। बचपन में घर वालों के 'बेटा बड़े होकर क्या बनना है?' के सवाल का उसके पास एक ही जवाब होता था- 'मैं बड़ा होकर शकरकंद बेचूँगा'। यह विचार उसके ज़ेहन में तब

तक रहा जब तक उसके दिमाग़ में समाज ने 'बड़े होकर सफल बनना होता है' का बीज नहीं बोया था। अब शकरकंद बेचने वाला कभी अमीर तो हो नहीं सकता यह उसे ख़ूब अच्छे से बता और समझा दिया गया था। यहाँ सफलता का अमीर होने से सीधा ताल्लुक़ होना समाज ने ही उसके सिस्टम में प्रोग्राम किया था। तबसे 'बड़ा होकर क्या करूँगा' की भागदौड़ में वह अंत में हमेशा चलता हुआ ही पाया जाता।

'पैसा तो सभी कमा रहे हैं, मैं प्यार और सम्मान कमाऊँगा'। उस दिन वह रेस में अव्वल आया था। परंतु कहीं भी नौकरी करने से पैसे-रुपये मिलते हैं प्यार नहीं। तो फिर यह प्यार और सम्मान कैसे कमाया जाता है? क्या प्यार और सम्मान से घर गृहस्थी चल सकती है? पेट भरा जा सकता है? फिर वह दुनिया की हर चीज़ पर प्रश्न करने लगा। प्यार क्या है? किसी भी व्यक्ति से किसी भी प्रकार का लगाव क्या है? प्रेम क्या है? जब किसी से प्यार होने से पहले आपको लगने लगता है कि आपको किसी से प्यार हो रहा है, तो क्या वो प्यार होता है? यह पहला प्यार क्या होता है? क्या प्यार कई दफ़ा किया जा सकता है जैसे दूसरा, तीसरा, चौथा या इनफ़िनिटी प्यार? अगर प्यार कई दफ़ा हो सकता है तो पता कैसे चलेगा कि सच्चा प्यार कौन-सा है? क्या कोई प्यार झूठा भी हो सकता है? झूठा हुआ तो फिर उसे प्यार का दर्जा कैसे? अगर दूसरी बार प्यार हो सकता है तो पहली बार जो हुआ था वह क्या था? केवल छलावा? क्या किसी से शादी हो जाने और प्यार हो जाने के माने एक जैसे हैं? ऐसे ढेरों प्रश्न उसके इर्द-गिर्द बस मँडराते रहते।

लेकिन इन सबके बीच जन्म और मृत्यु के बीच में जो जीवन पसरा पड़ा है उसका क्या?

क्या हम सिर्फ़ जी रहे हैं? जीने की प्रक्रिया को समझ नहीं पा रहे?

महसूस नहीं कर सकते ? शुरुआत और समाप्त के बीच का मध्य। जन्म और मृत्यु के बीच का जीवन। शून्य और आख़िर के बीच के अंक। सब ?

और फिर इन सब सवालों के जवाब ढूँढते हुए वह सफ़र पर निकला। एक खोज में। हर चीज़ का उत्तर जान लेने की इच्छा में।

अब प्यार, प्रेम, इश्क़, मुहब्बत इन सबको जानने की प्रक्रिया में उसे भी एक दिन लगा कि उसे किसी से प्रेम हो रहा है। ऐसा उसे सिर्फ़ लगा। क्या यह सही में प्रेम है या ठीक-ठाक प्रेम है इसका उसे अंदाज़ा नहीं था। क्योंकि उसे पहले कभी प्रेम हुआ नहीं था। स्कूल-विद्यालय की कच्ची उम्र में, कच्ची मुहब्बत के चलते उसने वह सब किया जो नए बच्चे करते हैं। फ़र्स्ट लव से लेकर फ़र्स्ट ब्रेकअप तक के कॉन्सेप्ट ने सिलेबस में जगह बनाई। दिल टूटने के बाद अक्सर लोग लिखने लगते हैं, यह बात वह फ़िल्मों में देख चुका था। फिर गूगल से दुख, दर्द, पीड़ा भरी शायरी कॉपी करके ऑनलाइन डाल दिया करता था। इसके चलते कब उसने लिखना चालू किया और कब उसके लिखे ने एक उपन्यास की शक्ल ले ली इसका ब्यौरा, लिखने की प्रक्रिया, सब इस उपन्यास में पिरोने की एक गुस्ताख़ी की है।

मैं नहीं जानता कि पूरा उपन्यास लिखने के बाद भूमिका लिखने का कार्य इतना कठिन क्यों लग रहा है।

तो चलिए साथ क़दम रखते हैं, साहिल पर कहीं।
या डूब जाते हैं ठीक गहरेपन में।

From the beginning till the end, if there's any end, of anything ?

-1

आख़िर तक का सपना

क्या शून्य पर खड़े होकर आख़िर तक का सपना देखा जा सकता है? किसी भी क्षण का शून्य क्या होता है? शून्य से पहले क्या घट रहा होता होगा? या आख़िर में क्या होता है? और आख़िर तक पहुँचने के बाद क्या होता होगा?

ऐसे सवाल मुझे बहुत समय से खाते आए हैं। आज मैं लेखन की दुनिया के शून्य में पहला क़दम रखने जा रहा हूँ। मुझे ऐसा लगता है कि किसी भी कार्य को पहली बार करते समय आप शून्य में प्रवेश कर रहे होते हैं। उससे पहले आप नेगेटिव में जी रहे थे। शून्य से चलके आपका सफ़र शुरू होता है, कई लोग सफ़र शुरू होने से पहले ही मंज़िल पर पहुँचकर अपनी एक फ़ोटो खींच लेते हैं। मैं भी उन्हीं लोगों में से एक हूँ।

मैं आज अपने लेखन की दुनिया के शून्य पर खड़ा हूँ और अपनी पहली किताब के प्रकाशन के सपने देख रहा हूँ। मुझ जैसे लोग जो शून्य पर खड़े रहकर आख़िर तक का सपना देखने लग जाते हैं, वो बीच के सफ़र के चिंतन में काफ़ी गीले माँझे की तरह उलझे पड़े रहते हैं, पर उनकी पतंग ऊपर नीले आकाश में बादलों की चादर के ऊपर कहीं उड़ रही होती है। क्या आकाश के आख़िर तक मेरी पतंग जा सकती है? क्या आख़िर के बाद भी कुछ होता है? क्या आख़िर के बाद भी कोई रंग-बिरंगी दुनिया होती होगी? मैं आख़िर तक का सपना देख रहा था, पर मुझे शून्य

से बाहर निकलने का डर भी था। मुझे हमेशा से एक डर रहा है कि मेरा आख़िर कैसा होगा? मेरे जीवन का आख़िर? मेरे इस दुनिया में होने से पहले जो जैसा घट रहा था मेरे जाने के बाद भी सब वैसे ही घटता रहेगा। उसके बीच में मेरा जिया हुआ सारा एक भ्रम होगा। परंतु यदि मेरे लिए मेरी मृत्यु आख़िर है तो आख़िर के बाद भी कुछ-न-कुछ घट रहा होगा, जो अभी अज्ञात है। मुझे यह आख़िर जानना तो है, पर क्या मुझमें हिम्मत है यह जानने की? कि क्या होगा अगर 'आख़िर' सुंदरता की फ़ोटो में मेरी कल्पना पर खरा न उतर पाया? ख़ैर! अभी उस फ़ोटो के बटन का माँझा मेरे हाथों में है। मैं अपनी पतंग लिए शून्य से आख़िर के बीच में जो कुछ अंक होते हैं, जो अच्छे-बुरे पलों से बनते हैं, सही-ग़लत फ़ैसलों से बनते हैं, सँवरते-बिगड़ते रिश्तों से बनते हैं, दौड़ते-गिरते भविष्य से बनते हैं, उन अंकों के सफ़र में पहला क़दम बढ़ाता हूँ और अपना गीला माँझा सुलझाने लगता हूँ।

फूलों से भरा जंगल, समुद्र, साहिल और कश्ती

भरी गर्मी का दिन, एक काग़ज़ की नाव, नीले आकाश की परछाईं में गुम, मानो किसी बड़े समुद्र में कुछ ढूँढ़ रही हो। तभी एक साइकिल का पहिया साहिल के सपने में ग़ोते लगाता है। समुद्र गड्ढे में तब्दील हो जाता है और नीले आकाश का पानी कीचड़ में बदल जाता है।

तभी भरत सर की आवाज़ आती है, "साहिल!"

साहिल अभी भी कक्षा की खिड़की से बाहर नाव को देख रहा होता है। तभी फिर से आवाज़ आती है, इस बार और ज़ोर से, "साहिल!"

"अपने ख़यालों की दुनिया से बाहर निकलो और अपनी परीक्षा पत्रिका लेकर जाओ।"

साहिल अपनी आख़िर की सीट से उठकर जाता है और देखता है कि भरत सर ने उसे हिंदी में 25 में से 0 दिए हैं।

"कल अपने पिता के हस्ताक्षर करवाकर लाना इस पर। कौन-सी दुनिया में रहते हो आजकल? पढ़ाई में ध्यान है या नहीं? आकाश में उड़ना बंद करो और ज़मीन पर पैर जमाओ।"

साहिल अपनी नज़रें हिंदी में मिले शून्य से हटा नहीं पाता। वह अपनी परीक्षा पत्रिका लेकर अपनी सीट पर आकर बैठ जाता है। जब उसकी नज़र खिड़की से बाहर नाव पर जाती है तो वह पाता है कि नाव कीचड़ में डूब चुकी है, गल गई है।

स्कूल की छुट्टी का समय है। सारे बच्चे अपने दोस्तों से आख़िरी बार मिल रहे हैं, क्योंकि कल से गर्मियों की छुट्टियाँ हैं। साहिल अपना भारी बस्ता लिए, माथे पर बिखरे हुए बालों और ढीली निक्कर के साथ अपनी कक्षा की बाईं ओर अपनी से एक छोटी कक्षा, जो कि सातवीं 'ग' है, में पढ़ने वाली कुसुम को एक-टक देखता रहता है। वह कुसुम को छुट्टियों से पहले आख़िरी बार 'बाय' बोलना चाहता था। कुसुम साहिल के स्कूल हाउस में उसकी जूनियर थी। कुसुम लगभग साहिल की क़द-काठी की थी। गोरा रंग और भूरी आँखें। जब साहिल ने कुसुम को हाउस मीटिंग में पहली बार देखा था तो वह दो चोटी बनाए हुए और आँखों में ख़ूब सारा काजल लगाए थी।

कुसुम को गाने का बेहद शौक़ था। साहिल ने उसे जब पहली बार गाते हुए सुना था तो वह आठवीं कक्षा की छोटी उम्र में कुसुम से प्यार कर बैठा था। कुसुम में से साहिल को किसी फूलों से भरे जंगल में कीचड़ में खिले कमल जैसी ख़ुशबू आती थी। ऐसा नहीं है कि साहिल अब से पहले कभी कुसुम से बात नहीं कर पाया था। जब भी कभी लंच ब्रेक में कुसुम गलियारे से गुज़रती वह एक-दो बार उसे हाय-हैलो बोल चुका था। साहिल असल में बहुत शर्मीले क़िस्म का लड़का था और वह डरता था कि उसकी कक्षा के बच्चे उसे छोटी कक्षा की लड़की के साथ बतियाते देखेंगे तो उसका मज़ाक़ उड़ाएँगे। साहिल के दो ख़ास दोस्त उसका हमेशा साथ देते। साहिल कुसुम की तरफ़, खिड़की से बाहर वाली नाव की तरह, खोया-सा देखता रहता और तभी उसके मित्र प्रमोद और राज, साहिल को उसकी ख़यालों की दुनिया से उठाकर कटी पतंग की तरह ज़मीन पर ला रखते।

"कहाँ खो गया बे?" प्रमोद और राज एक साथ बोले।

साहिल ने गर्दन दाएँ-बाएँ हिला दी।

"अरे हम जानते हैं क्या हुआ है। हाउस मीटिंग में कुछ देर अलग क्या

हुआ कि..." राज बोल के हँसता है।

प्रमोद बोला, "अरे जा, जा के बात कर। हम तेरी टाँग नहीं खींच रहे।"

दोनों साहिल को बढ़ावा देते हैं कुसुम से बात करने के लिए, पर वो हिम्मत नहीं जुटा पाता और मना कर देता है। साहिल का बहुत मन तो था जाकर कुसुम को बोले कि मुझे तुम्हारी आवाज़ बहुत मधुर लगी, पर शर्मीले क़िस्म का साहिल सब अपने मन में ही रखता है। छुट्टी की घंटी बजती है और तीनों मित्र एक साथ अपने-अपने घर के लिए निकलते हैं।

यूँ तो साहिल का घर स्कूल से पाँच मिनट के पैदल रास्ते पर है, लेकिन वह अक्सर घर पहुँचने में बीस मिनट लगा ही दिया करता था। स्कूल से बाहर सड़क तक जाने के दो रास्ते थे, एक सड़क से और एक पार्क के अंदर से होते हुए। पार्क के अंदर वाला रास्ता थोड़ा लंबा था, पर साहिल को प्रमोद और राज के साथ यह रास्ता छोटा लगता था। तीनों अक्सर पेड़ से शहतूत तोड़ते, नाचते-गाते हुए घर को होते थे। पर आज साहिल थोड़ा गुमसुम था। वह सोच रहा था कि काश वो कुसुम से बात कर पाता। अब वह कुसुम को अगले डेढ़ महीने तक नहीं मिल पाएगा या देख पाएगा। इस दुख में वो अपना भारी बस्ता लिए सिर झुकाए चल रहा था। तभी पीछे से साहिल के बाएँ कंधे पर एक हाथ पड़ता है। वह पलटता है तो कुसुम उसकी दाहिनी ओर से गुज़रते हुए उसे 'बाय' बोलकर अपनी स्कूल-बस में चढ़ जाती है।

उस एक पल में साहिल को पता लग गया था कि काग़ज़ की उसकी नाव क्या ढूँढ़ रही थी। भले आप कीचड़ में ही क्यों न हों, अगर एक सही सुंदर परछाईं आप पर पड़े तो वो गड्ढा आपके लिए पूरा समुद्र जितना गहरा बन सकता है। और कीचड़ की गंध-बू भी आपको उस पर खिले गुलाबी कमल की ख़ुशबू से दूर नहीं कर सकती। साहिल अपनी नाव के गले हुए काग़ज़ के साथ समुद्र में ग़ोते लगाना चाहता था। वह चाहता था कि उसका और कुसुम का रिश्ता भी समुद्र जितना गहरा बन जाए।

लेकिन समुद्र के गहरेपन का अनुमान कभी भी साहिल पर खड़े रहकर नहीं लगाया जा सकता। उसके लिए आपको गहराई में डुबकी लगानी पड़ती है। जितना साहिल से दूर, उतना गहरेपन में अंदर।

अपने पात्रों को लिखने और पाठकों के लिए लिखने के बीच की दूरी में कितनी दूरी होती है?

मैं लेखन की दुनिया में शून्य से अब क़दम बढ़ाकर 'अंकों' की ओर बढ़ चुका था। यह दुनिया अलग थी। कुछ नई थी। मुझे लेखन के बारे में कुछ ज़्यादा ज्ञात नहीं था। बस इतना पता था कि कुछ पात्र होते हैं जिन्हें आप सच के बीज और झूठ के पानी से बोते हो और पात्र पेड़ की तरह उगते हैं। जैसे हर पेड़ अपने में अलग होता है वैसे ही हर पात्र भी अपने में अलग होता है। लेकिन पाठकों को उन्हें पढ़कर छाया और फल सच्चे मिलते हैं या झूठे, उसके बारे में मुझे ज्ञात नहीं था। वो शायद इस पर निर्भर करता है कि उगते पेड़ की देखभाल आप कैसे करते हैं।

मुझे लगता है अपने पात्रों को लिखते वक़्त लेखक एक आर्टिस्ट होता है, उसके सामने एक ख़ाली कैनवास होता है और हाथ में ब्रश। लेखक अपने पात्र को जितना सरल बनाए उतना कहानी के लिए अच्छा और समझने में आसान। लेकिन पात्र अगर सच के बीज से बोया जाए तो क्या वह सरल होगा?

आप अपनी कहानी के पन्ने पर जिस रंग का आसमान रँगना चाहो रँग सकते हो, पर क्या आप अपने पाठकों तक सच्चाई पहुँचाने के लिए 'स्याह रात' को 'गुलाबी शाम' का झूठ लिख सकते हो? मैं इन सब प्रश्नों से जूझ रहा था। मैं इस नई दुनिया के प्रश्नों से बेहतर अपनी पुरानी दुनिया

जहाँ मैं सुरक्षित रहता हूँ, जहाँ के दायरे मैं अच्छे से जानता हूँ, जहाँ मुझे हर प्रश्न के उत्तर मालूम थे, वहाँ जाना चाहता था। मेरा मन किया कि मैं 'अंकों' से वापस मुड़कर 'शून्य' में चला जाऊँ। शून्य से पहले जितना नेगेटिव होता है वह मेरे दिमाग़ में घर कर चुका था। अपने पात्रों को किस हद तक सच्चा रखा जा सकता है? क्या आप किसी को बिना उसकी अनुमति के लिख सकते हो? क्या सिर्फ़ नाम बदल लेने से किसी असल व्यक्ति के बारे में आप अपनी कहानी में भला-बुरा लिख सकते हो? क्या आप चंद विवरण आगे-पीछे करके अपने पाठकों तक उतनी सच्चाई ला सकते हो जितनी असल में घटित हुई थी? क्या असल कहानी से छेड़छाड़ पात्र और पाठकों के साथ धोखा करना है? मैं सोच रहा था कि सच और झूठ क्या होता है?

मैं कहानी जैसी भी लिखूँ, पाठकों को पढ़कर कैसे पता लगेगा कि यह सच लिखा गया है या झूठ? पाठकों के अनुसार लेखक जो भी लिखे वो सब तो सच होना चाहिए न? क्या पाठक झूठ सूँघ लेते होंगे? मैं बहुत दुविधा में था, पर पीछे मुड़कर वापस जाना संभव नहीं था। मैंने नेगेटिव को अनदेखा कर, निर्णय लिया कि मैं सिर्फ़ सच लिखूँगा, फिर चाहे पाठकों को पसंद आए या न आए। इसलिए आपको मेरा एक सच जानना भी बहुत ज़रूरी है। दरअसल, मैंने शुरुआत में एक झूठ कहा था। लेखन की मेरी दुनिया में शून्य से अंकों की ओर यह पहला क़दम नहीं था। मैं पहले भी थोड़ा-कुछ लिख चुका था, पर इस तरह का नहीं। पहले जो मैं लिखता था वो मैं जानता भी नहीं था कि इसकी किसी भी प्रकार के लेखन में गिनती होगी या नहीं। मैं बस कुछ भी लिख दिया करता था। असल में मैंने पहली बार कब, कहाँ, कैसे लिखना शुरू किया था, यह मैं आपको कहानी में आगे चलकर बताऊँगा। लेकिन अभी इस वक़्त मैं जिस शून्य के बारे में आपसे बात कर रहा हूँ, उसका मतलब इस किताब से है।

मैं अभी एक नई यात्रा का आरंभ कर रहा हूँ। दरअसल, मैंने इस

उपन्यास का बीज तो अपने दिमाग़ में कुछ समय पहले बो दिया था, परंतु सिंचाई आज करना शुरू कर रहा हूँ। पानी मेरे हाथों में है, पर मैंने अभी ज़्यादा कुछ सोचा नहीं है कि पौधा कैसा उगेगा, कितना ऊँचा होगा, हरा-भरा होगा या नहीं, मुझे फल-फूल देगा या नहीं। मैं बस इस यात्रा में चलना शुरू करता हूँ। मुझे लगा कि आपका यह जानना ज़रूरी है क्योंकि मैं आगे कहानी में उगने वाले पेड़ का बीज ही नहीं, पानी भी सच्चा रखना चाह रहा था, ताकि फल भी सच्चा और अच्छा ही मिले।

इस वक़्त सच मुझे बहुत डरावना लग रहा था। मैं सोच रहा था कि अगर सच की कोई शक्ल होती तो कितनी डरावनी होती और झूठ कितना सुंदर दिखने वाला इंसान होता। मैं डरावनी शक्ल का सामना करता हूँ और अगला क़दम बढ़ाता हूँ।

संभावना की बारिश से गुलाबी पेड़ की पँखुड़ी

गर्मियों की छुट्टियाँ शुरू हुए हफ़्ता हो गया था। साहिल अपने बिस्तर पर जैसे सिलवट की तरह पड़ा हुआ था। वह अभी तक छुट्टियों से पहले का आख़िरी दिन, पीछे से कंधे पर कुसुम के हाथ का स्पर्श भूल नहीं पाया था। यूँ तो उसे कभी स्कूल जाने में दिलचस्पी नहीं थी, पर अब उससे छुट्टियाँ ख़त्म होने का इंतज़ार नहीं हो रहा था। साहिल का किसी काम में मन नहीं लगता था। वह हरदम ख़ाली में देख मुस्कराता रहता। साहिल अपने परिवार में अपने माता-पिता और एक बड़ी बहन के साथ रहता था। आजकल उसका हर काम करने के पीछे का कारण कुसुम होती थी। संगीत में उसकी काफ़ी दिलचस्पी थी इसलिए उसने अपने घर में ज़िद उठाई कि इस जन्मदिन पर उसे एक गिटार दिलाया जाए। इसके पीछे का कारण भी कहीं-न-कहीं कुसुम ही थी। 'कुसुम को गाना बहुत पसंद है, उसकी आवाज़ बहुत मधुर है। ऐसे में अगर मैं भी गिटार बजाना सीख जाऊँ तो कितना अच्छा होगा!' वह सोच रहा था कि छुट्टियों से पहले गिटार बजाना सीखकर वह स्कूल में उसे जाकर सुनाएगा और इंप्रेस कर लेगा।

उन दिनों साहिल को अपने जीवन का पहला, अपनी माँ का पुराना मोबाइल फ़ोन मिला। उस वक़्त उसकी ख़ुशी सातवें आसमान पर थी। आजकल के बच्चों के हिसाब से, जिन्हें पैदा होने के साथ ही स्मार्ट फ़ोन

चलाना आ जाता है, उस वक़्त स्कूल के दिनों में ही फ़ोन मिल जाना काफ़ी अहमियत रखता था। साहिल ने फ़ोन मिलते ही सबसे पहले कुसुम को सोशल मीडिया पर ढूँढ़ना चालू किया। दुनिया भर की सारी कुसुम नाम की लड़कियों की डीपी छानते हुए उसे आख़िरकार अपनी कुसुम मिल गयी। अपनी कुसुम! जिससे साहिल ने अभी तक एक बार भी ढंग से बात नहीं की थी, उस कुसुम के प्यार में साहिल उसे अपना मान चुका था। कुसुम को सोशल मीडिया पर ढूँढ़ साहिल ने उसे फ्रेंड रिक्वेस्ट भेजी। साहिल ने कुसुम को पहले कभी स्कूल यूनिफ़ॉर्म के बिना नहीं देखा था। कुसुम की फ़ोटोज़ देख के उसके शरीर में एक मीठी सिहरन उठ रही थी। साहिल वो सब महसूस कर रहा था जो उसने पहले कभी महसूस नहीं किया था। उसने कुसुम की सारी फ़ोटोज़ को लाइक किया और तुरंत उसे हाय का एक मैसेज भेज दिया। वह उसके रिप्लाई के लिए तीन दिन से तड़प रहा था, प्रतीक्षा कर रहा था।

साहिल रोज़ रात को कान में तार लगाकर अपने कुछ मनपसंद गाने चलाकर सो जाया करता था। कुछ समय पहले ही उसने अँग्रेज़ी गाने सुनना शुरू किए थे। आजकल उसे 'एड शीरान' (Ed Sheeran) के लव सॉन्ग्स में हर बोल पर कुसुम ही सुनाई देती थी। रात बहुत हो गई थी, और अब तक कुसुम का कोई मैसेज साहिल को नहीं आया था। कुसुम के जवाब की प्रतीक्षा में मचलता हुआ साहिल आख़िर में किसी तीन दिन से खाना न खाए भूखे इंसान की तरह पेट जकड़े ही सो गया था।

अगले दिन साहिल अपने पिता जी के साथ नया गिटार ख़रीदने पुरानी दिल्ली के दरियागंज पहुँच गया और एक काले रंग का सुंदर चमकता गिटार ले आया। उस वक़्त साहिल के गिटार ख़रीदने और सीखने के पीछे का प्रलोभन केवल कुसुम को इंप्रेस कर लेना था। आमतौर पर लोगों की यह मान्यता रहती है कि गिटार या कोई भी अन्य इंस्ट्रूमेंट बजाने वाले व्यक्ति को सरलता से प्यार मिल जाता है। यदि ऐसा होता तो इस दुनिया

में शायद कोई दुख-दर्द भरा गाना बनाने वाला आर्टिस्ट न होता। जितना बचकाना इस वक़्त यह पढ़ने में लग रहा होगा उतना ही बचकानापन यह सोचने में भी है कि गिटार बजाने से लड़कियाँ इंप्रेस होती हैं। अभी सिर्फ़ मज़े के लिए और कुसुम के लिए गिटार ख़रीदने वाले साहिल को मालूम भी नहीं था कि आने वाले सालों में यह उसके लिए कितना मायने रखने वाला है। साहिल उस वक़्त बहुत ख़ुश था। जैसे एक छोटा बच्चा पूरे दिन अकेले रहने के बाद अपनी माँ को काम से घर आता देखकर ख़ुश होता है, बिल्कुल वैसे ही साहिल भी गिटार के साथ सफ़र से पहले मंज़िल पर पहुँचकर अपनी एक फ़ोटो खींच लेता है और उलझे माँझे की जगह उसके हाथ में गिटार का सीधा तार होता है।

इसी के साथ संगीत की दुनिया में साहिल का सफ़र शुरू होता है। एक हफ़्ते में साहिल Ed Sheeran का एक गाना 'Perfect' जो कि उसका आजकल सबसे पसंदीदा गाना है, उसे सीखकर एक वीडियो बनाता है और सोशल मीडिया पर पोस्ट कर देता है। कुछ देर बाद नोटीफ़िकेशन की एक घंटी बजती है और साहिल देखता है कि कुसुम ने उसे फ्रेंड बना लिया है और उसके गाने पर एक कमेंट करती है– 'I never knew you were the someone waiting for me', जो कि गाने के बोल में से ही एक पंक्ति है। यह पढ़ते ही साहिल अपने बस में नहीं रहता, मानो शरीर के किसी कोने में बिजली कौंध गई हो और रोंगटे खड़े हो गए हों। कुसुम का एक मज़ाक़ में किया कमेंट साहिल की रातों की नींदें चुरा लेता है।

आशा का एक बादल, हृदय के कोने में सूखी बंजर ज़मीन में धँसा हुआ 'इच्छा' नाम का एक बीज, संभावना की बारिश से सपने पूरे हो जाने का एक गुलाबी पेड़ उगा देता है। साहिल, गुलाबी उगे पेड़ से एक पँखुड़ी को मुट्ठी में बंद कर रखता है और होश पाता है।

साहिल रिप्लाई करता है– 'Perfect, thank you!' और इसी के साथ दोनों की चैटिंग का सिलसिला शुरू होता है। कभी-कभी मुझे बहुत

ईर्ष्या होती है यह सोचकर कि पहले का दौर कितना रोमांचक होता होगा न ? जहाँ फ़ोन, सोशल मीडिया, चैटिंग जैसी चीज़ें जन्मी ही नहीं थीं। जहाँ अब इस ज़माने की नई पीढ़ी चैटिंग पर फ़्लर्ट करके प्यार में पड़ती है, वहीं उस दौर में चिट्ठी वाली मुहब्बत होती थी। जहाँ स्क्रीन शॉट का कोई कॉन्सेप्ट ही नहीं था और तब पत्थर से ख़त लपेटकर छज्जे पर फेंके जाते थे। कभी-कभी मुझे लगता है काश मेरा यह लेखन भी फ़ोन या लैपटॉप में न होकर काग़ज़, क़लम या टाइपराइटर पर होता। ख़ैर, अब अपनी सहूलत के लिए, बदलते वक़्त के साथ बदलना भी ज़रूरी हो गया है।

साहिल और कुसुम कुछ ही समय में चैटिंग करने लग जाते हैं और एक-दूसरे को अच्छे से जान लेते हैं। उनकी दोस्ती गहरी होती चली जाती है। ठीक उतनी गहरी जितने गहरेपन में साहिल ने अपनी काग़ज़ की नाव के साथ समुद्र में ग़ोते लगाना चाहा था।

आधी रात, पूरा चाँद और शायरी

जीवन में प्रत्येक व्यक्ति को कितनी ही बार, कितने अलग-अलग प्रकार के शून्य का सामना करना पड़ता होगा न? मेरा मानना यह है कि कोई भी नया कार्य शुरू करने से पहले और शुरू करते वक़्त के बीच का समय, शून्य की सुई पर होता है। कार्य को शुरू करने से पहले आप -3, -2, -1 से आगे बढ़ रहे थे। कार्य शुरू करते वक़्त शून्य और उसके बाद +1, +2, +3 का सफ़र, जो कभी ख़त्म नहीं होता। जहाँ अंकों के जाल में आप फँसकर रह जाते हो। बाहर निकलने का कोई रास्ता नहीं होता, जब तक आप आख़िर तक नहीं पहुँचते। फिर यह आख़िर क्या, क्यों, कब, कहाँ, कैसे है?

जब मैंने लिखना शुरू किया ही था, मैं शून्य का सामना कर रहा था। साहिल ने जब कुसुम को पहली बार देखा था और जब उसके शरीर में मीठी टीस उठी थी, वह भी शून्य का सामना कर रहा था। जब उसने नया गिटार ख़रीदा था और सीखना चालू कर रहा था, तब वह प्यार की दुनिया में शून्य का सामना कर रहा था। शून्य के बाद आगे निकलकर वह मुहब्बत करने वालों की गिनती में शामिल हुआ होगा। एक नया जीव पैदा होते वक़्त भी शून्य में होता होगा, माँ की कोख में नेगेटिव, पर हर दिन के साथ, एक अंक ऊपर -273 से -1 तक का सफ़र भी कैसा होता होगा न? और माँ भी अपने बच्चे को पैदा होते वक़्त शून्य पर देख कितनी ख़ुश

होती होगी न? शायद पहली और इकलौती बार।

देखते-देखते डेढ़ महीना निकल गया था। वक़्त का पता ही नहीं चल रहा था। जबकि कुसुम को देखे बिना साहिल हर घड़ी मुश्किल से काटता था। अब छुट्टियाँ ख़त्म होने को आई थीं। साहिल और कुसुम की दोस्ती चैट पर दिन भर बातें करते रहने से अच्छी हो चुकी थी। साहिल बहुत ख़ुश था कि वो कुछ दिन बाद कुसुम से मिलेगा और क्योंकि अब दोनों एक-दूसरे को जान भी चुके हैं तो वे स्कूल में बात भी कर लिया करेंगे।

एक परेशानी लेकिन ऐसी थी जिसका साहिल को अभी सामना करना था। छुट्टियों से पहले हिंदी की जिस परीक्षा में साहिल को 0 मिला था, उस पर साहिल को घर में किसी बड़े से हस्ताक्षर करवाने थे। वह अपनी माँ को परीक्षा पत्र दिखाता है। वह अपने बेटे को शून्य पर देख उससे नाराज़ हो जाती हैं और उसे ख़ूब डाँट लगाती हैं। उसकी माँ उसे हिंदी भाषा पर ध्यान देने और अन्य विषयों में भी अच्छे से ध्यान लगाकर पढ़ने को कहती हैं। क्योंकि उसकी माँ ख़ुद एक अध्यापिका हैं तो वह समझती हैं कि बच्चों को यूँ डाँटकर भी ज़बरदस्ती कुछ नहीं करवाया जा सकता है।

वह कहती हैं, "जाओ और हिंदी में कुछ लिख के आओ, कुछ भी लिखो जैसा तुम्हें लगता है। जैसा तुम्हारा मन कहता है, तभी मैं हस्ताक्षर करूँगी।"

साहिल अपने कमरे में जाता है। एक ख़ाली पन्ना और क़लम उठाता है। आज से पहले साहिल ने यूँ इस तरह कभी कुछ लिखा नहीं था और वह हिंदी की मात्राओं में भी थोड़ा कमज़ोर था। छोटी इ, बड़ी ई की मात्रा उसके सिर के ऊपर से गुज़र जाती थी। कुछ देर प्रयत्न करने के बाद जब उसको कुछ नहीं सूझता तो वह अपना गिटार उठाकर प्रैक्टिस करने लगता है, ताकि कुसुम को सुनाया जा सके। तभी उसे लगता है कि क्यों न कुसुम के ही लिए कुछ लिखा जाए। 'माँ को तो बस कुछ भी मन से लिखा हुआ चाहिए और वैसे भी मेरे दिल में आजकल कुसुम के सिवाय कुछ धड़क

ही कहाँ रहा है।' साहिल की अंतरात्मा ने आवाज़ लगाई। ऐसा करने से पत्रिका पर माँ हस्ताक्षर भी कर देंगी और कुसुम को जब पढ़कर सुनाऊँगा तो उसे अच्छा भी लगेगा। एक तीर से दो निशाने।

शाम के छह बज रहे थे, आमतौर पर साहिल रोज़ाना इस वक़्त अपने दोस्तों के साथ कॉलोनी में नीचे पार्क में फ़ुटबॉल खेलने जाता है। पर आज वह एक अलग खेल में व्यस्त था। वह पन्ने पर 'कुसुम' लिखता है और बहुत देर तक उस शब्द को ताकता रहता है, मानो पन्ने को यूँ ही कुछ देर और घूरते रहने से कुसुम पन्ने से बाहर निकल सामने प्रकट हो जाएगी। यूँ ही ताकते रहने के कुछ देर बाद शब्द को काट देता है और लिखता है– 'तुम कला तो मैं कलाकार' और बहुत देर तक उस वाक्य का अर्थ खोजता रहता है। फिर वह पन्ना फाड़कर फेंक देता है और सोचता है कि– 'लिखना मेरे बस का काम नहीं है, इससे अच्छा मैं भरत सर से कल डाँट ही खा लूँगा।'

हाथ की आधी टूटी-फूटी लकीरें लेकर साहिल बालकनी में जाता है तो देखता है कि आज सूरज को डूबने की इतनी जल्दी थी कि उसने चाँद के निकलने का इंतज़ार ही नहीं किया। उसे पता ही नहीं चला कब छह से दस बज चुके थे। यूँ ही वह कब नशीली शाम के जाम में डूब जाता है उसे ज्ञात नहीं रहता। साहिल पाता है कि वह चमकती धूप में समुद्र किनारे खड़ा है। वह पानी में कुसुम की परछाईं उभरते हुए देखता है। जैसे ही वो पानी छूने के लिए हाथ नीचे करता है अचानक से रात हो जाती है और बर्फ़ीली हवा चलने लगती है। ऊन के गोले की तरह उलझी-सी कुसुम आती है, साहिल उस ऊन के स्वेटर को ओढ़ने को होता ही है कि पास में झील के किनारे एक जगह आग सुलगती हुई दिखती है। साहिल को आग के अंदर कुसुम उभरती हुई नज़र आती है। साहिल भी उसी आग में क़दम रखता है और राख-सा बिखर जाता है। तभी पीछे से उसकी बड़ी बहन आती है और उसे पीछे सिर पर चपत लगाती है, "कहाँ खोया रहता

है दिन भर? कुछ अता-पता भी है कितना समय हो गया? आजा अंदर आकर खाना खा ले।" और वो अपने इन अजीब-से ख़यालों की दुनिया से बाहर निकल आता है।

वह खाना ख़त्म करके अपना कल का बस्ता जमाता है। भरत सर की डाँट के डर और कुसुम से मिलने की उत्सुकता को भी साथ में बस्ते में डालकर वह बिस्तर पर सोने जाता है। बहुत देर करवटें इधर-उधर करने के बाद, जैसे-तैसे उसकी आँख लगती है। रात को अचानक क़रीब ढाई बजे उसकी नींद खुलती है और वह बिस्तर से उठ खड़ा होता है। वह एक पन्ना और क़लम उठाकर बाहर छज्जे पर जाता है और देखता है कि सफ़ेद दूधिया चाँद अपने पूर्ण आकार में उसकी खिड़की से झाँकते आसमान में किसी सफ़ेद बादल की रस्सी के सहारे लटका हुआ है। साहिल अपने पुराने अजीब सपने की डोर पकड़ उसी चाँद की रस्सी पर लटक जाता है और कुछ लिखना चालू करता है। उसके हाथ ख़ुद-ब-ख़ुद चलते जाते हैं और वह अपने जीवन की पहली शायरी लिखता है।

रेत की गरम चादर जैसी तुम
समुद्र की लहर तुझे छूने के लिए बेताब-सा मैं
सर्दी की कड़क ठंड रात जैसी तुम
कंबल की गर्माहट ओढ़कर तुझमें सिमट जाने का गुस्ताख़-सा मैं
झील के नीले शांत पानी जैसी तुम
तुझे पाने को आग में जलकर सफ़ेद राख-सा मैं
कलाकार की तरह ख़ुद में गुमनाम रहने वाली आधी रात-सी तुम
ख़ुद को तुझमें अर्पित करने को पूरे चाँद के जज़्बात-सा मैं

यह लिखने के बाद साहिल को यक़ीन नहीं होता कि यह उसने लिखा है। उस साहिल ने लिखा है जो हिंदी में 0 लाया था। यूँ तो आज से पहले

साहिल को कभी शेर-ओ-शायरी में कोई दिलचस्पी नहीं थी, पर अगर पहले प्यार में पड़े किसी आशिक़ ने शायरी नहीं की तो उसने क्या ख़ाक आशिक़ी की? वह ख़ुशी में झूमने-गाने लगता है। क़रीब-क़रीब रात के तीन बज चुके थे। अब न तो उसे परीक्षा पत्र पर हस्ताक्षर करवाने का डर था और न ही कुसुम से पहली बार असल में बात करने की घबराहट। वह जाकर अपने बिस्तर पर पसर जाता है। उस रात साहिल को बड़े सुकून की गहरी नींद आई। साहिल सपनों में भी देख पा रहा था कि उसका कल का दिन कैसा जाएगा! कुसुम उसकी पहली लिखी शायरी को सुनकर कैसे उसे गले लगा लेगी! सपने कैसे होते हैं न! आप असल ज़िंदगी में कोई भी हों, पर अपने सपनों में आप अपनी फ़िल्म के हीरो होते हैं। 'एक दिन जब बाढ़ आएगी' की त्रासदी के वक़्त, आप अपने घर वालों की, अपने चाहने वालों की और दोस्तों की जान कैसे बचाएँगे, इसका पूरा मास्टर प्लान आपके ज़ेहन में सपनों में दौड़ रहा होता है।

ये ख़यालात भी कितने दिलचस्प होते हैं न? जैसे जब हम बचपन में चलती कक्षा में सो जाया करते थे और सपने बुनते थे कि अगर स्कूल में आतंकवादी घुस गए तो कैसे अकेले हीरो बनकर सबकी जान बचा लेंगे। उन सपनों पर आपका पूरा हक़ होता था। सपनों में आप वही देखते हो जैसा आप चाहते हो, और कौन ख़ुद को हीरो नहीं देखना चाहता? हमारा हीरो साहिल अपने सपनों में कुसुम को गले लगा चुका था। जहाँ साहिल ने कुसुम को गले लगाया था, वो दुनिया यह दुनिया नहीं थी। वो दुनिया अलग थी, जहाँ पेड़ों के पत्ते हरे नहीं गुलाबी होते हैं, जहाँ का आकाश नीला नहीं होता वह आपके हिसाब से रंग बदलता है, जहाँ कोई नाराज़-हताश नहीं घूमता, जहाँ मायूसी, घृणा, नफ़रत जैसे शब्द ही नहीं हैं। वहाँ जहाँ दो लोगों के रिश्ते की डोर में जात या धर्म अपने हरे-केसरी धागे से सिलाई नहीं लगाते। यह दुनिया अलग है। यह दुनिया वो है जहाँ सब आपके इशारों पर होता है। जब साहिल को इस दुनिया के नियम पसंद नहीं

आते तो साहिल उन्हें अपनी सपनों की उस दुनिया में बदलने की ताक़त रखता है। लोग कहते हैं सपने अपनी औक़ात में रहकर देखने चाहिए। मैं ऐसा नहीं मानता। मेरा मानना यह है कि सपने कभी औक़ात में रहकर नहीं देखे जा सकते, अगर सपनों को औक़ात में रहकर देखा जाए तो वे सपने ही नहीं हैं। साहिल को पता ही नहीं लगा कि कब वो इस दुनिया में जहाँ वो है और दूसरी दुनिया जहाँ का वो मालिक है, उनके बीच गहरी नींद में डूब जाता है। गहरी नींद के कोई सपने नहीं होते, गहरी नींद की सिर्फ़ तारीख़ियाँ और तल्ख़ियाँ होती हैं। अगर सपने होते भी होंगे तो सुबह की रौशनी, तारीख़ियों को भुला देती है और हमें कुछ याद नहीं रहता। तभी अचानक अँधेरे धुँधलकों से साहिल की माँ की आवाज़ आती है, "क्या हुआ बेटा? तबीयत तो ठीक है? आज छुट्टियों के बाद पहला दिन है स्कूल का और छुट्टी? कितनी आवाज़ें लगाई तुझे, पर तू उठा ही नहीं।"

साहिल फ़ोन में देखता है तो ठीक 11:13 हो रहे होते हैं। साहिल को यक़ीन नहीं होता कि इतनी उत्सुकता में वो कैसे स्कूल के लिए समय पर नहीं उठा। मानो सफ़र में निकलने के लिए कोई इंसान सामान बाँधने में इतना व्यस्त हो जाए कि गाड़ी छूटने का समय याद ही न रहे। साहिल की भी गाड़ी निकल चुकी थी। कैसा होता है न जब कोई व्यक्ति किसी कार्य को करने की लगन में इतना डूब जाता है कि पानी से बाहर निकलकर साँस लेना भी भूल जाता है। शायद इसी भूल को जीवन कहते हैं।

छोटे सफ़ेद बादल से बँधे काले उलझे माँझे वाला भूत

आज नींद थोड़ी देर, दोपहर तक खुली। ऐसा लगा जैसे सुबह हुई ही न हो। रात के बाद सीधे दोपहर हो गई हो। रात नींद नहीं आ रही थी तो मैं कहानी पर काम करने लगा। असल जिए हुए में नहीं सो पा रहा था तो लिखे जिए हुए में साहिल को देर तक सुलाए रखा। थोड़ी उलझन में था कि कहानी आगे कैसे बढ़ाई जाए। मुझे पता था आगे असल बीते हुए में क्या हुआ था। अगले दिन क्या हुआ था। पर लग रहा था कहानी में कुछ छूट रहा है, कुछ शब्द कम पड़ रहे थे या कहीं शायद कुछ ज़्यादा लिख दिया था। इन्हीं सोच-विचार की तंग गलियों में पैदल चलते कल रात थोड़ा देर से सोया। दरअसल मैं समय पर बिस्तर पर लेट गया था परंतु नींद देर से आई, और जब आई तब पता नहीं चला कब चोरों की तरह दबे पाँव आ गयी। आजकल सपने भी काफ़ी अजीब-से आते हैं। कई बार रात के डरावने सपने जो नींद उड़ाए रखते हैं, वो सुबह होते ही आप पर ख़ूब हँसते हैं। लेकिन ज़ेहन में उतर जाते हैं अगली रात फिर भूत बनकर डराने के लिए। आजकल जो भूत आते हैं उनकी कोई शक्ल नहीं होती, एक छोटे सफ़ेद बादल से बँधा काला उलझा माँझा होता है और एक लाल प्रश्नचिह्न। प्रश्नचिह्न के बिंदु में एक पूरा संसार फैला नज़र आता है। इस

संसार में किसी की कोई शक्ल नहीं है, पर सबकी शक्लें कुछ कह रही हैं। सबके सब काले सूट में काली टाई लगाकर अपने-अपने रंग लिए हैं। सबके नाम एक है पर हर नाम अपने ढंग में कुछ कहना चाह रहा है। सब एक सीधी दिशा में चले जा रहे हैं पर सलीक़े से सीधे चलने में भी एक भीड़ में गुम घुटन का एहसास है। मैं भी इस घुटन का हिस्सा हूँ।

कितने चेहरे, कितने रंग?
कितने नाम, कितने ढंग?
क्यों सब एक दिशा में चले जा रहे हैं?
जो सुना है वो बोले जा रहे हैं
जो कहा है वो किए जा रहे हैं
क्या सबका मक़सद एक ही है?
इस एक मक़सद के सलीक़े की घुटन में मैं क्या कर रहा हूँ?
क्या मैं भी इन चेहरों और नामों में से एक हूँ?
पर मुझे तो इस भीड़ में नहीं जाना था
यह नहीं करना था
मुझे वो करना था जो कोई भी न कर रहा हो
पर क्या जो कोई भी नहीं कर रहा, वो भी कोई न कोई कर रहा होगा?
सब कृत्रिम है
सब चक्र है
सब शून्य है।

मैं देर दोपहर उठकर कल रात के सपने की डोर पकड़ ख़ुद को समेट ही रहा था कि इस कविता को ख़ुद की कहानी में आगे लिखा हुआ पाया। थोड़ा वक़्त लगा होश सँभालने में और समझने में कि यह कविता मैंने

कब लिखी? मैं ख़ुद क्या कहना चाह रहा हूँ? पर यह कविता शायद मैंने लिखी ही नहीं थी। कहीं रात के सपनों में आने वाला, प्रश्नचिह्न वाला भूत ही तो मेरी कहानी में नहीं घुस गया?

तभी कमरे के दरवाज़े पर दो बार दस्तक हुई, "क्या मैं अंदर आ सकता हूँ?"

"अरे ज़कात तुम कब आए? न कोई फ़ोन, न कोई मैसेज। पहले बताया होता तो मैं लेने आता तुम्हें।"

ज़कात मेरा रूम मेट है। मेरे साथ ही कॉलेज में पढ़ता है।

"अरे नहीं जनाब, बस आपको तकलीफ़ नहीं देना चाहता था आधी रात को, तो ख़ुद चला आया।"

"कैसी तकलीफ़ भाई! कैसी बात कर रहा है!"

"अच्छा चल अब मैं आ गया न। आज वहीं चलते हैं। मज़े करेंगे, बाहर खाएँगे। मौसम भी ऐसे मिज़ाज में है जैसे वान गॉग़ ने अपने ब्रश से ही रंगा हो, हा हा हा।"

"हा हा हा... हाँ, बात तो सही कह रहे हो। वैसे भी मुझे बाहर निकलना चाहिए, आजकल पूरे दिन घर में रहने लगा हूँ और रात में भी डरावने सपने आने लगे हैं।"

"क्यों क्या हुआ? कैसे सपने?" ज़कात बोलता है।

"वहीं चलकर बताता हूँ। वैसे मेरी कहानी में यह कविता तुमने जोड़ी है?"

"हाँ, मैं कल रात जब आया, तुम्हारे हाथ में तुम्हारा फ़ोन था और मैंने पढ़ा कि तुम किसी कहानी पर काम कर रहे हो। मुझे कहानी में इस कविता की कमी लगी तो लिख दी। तुम्हें कोई ऐतराज़ तो नहीं न?"

"ऐतराज़! नहीं ऐसा कुछ नहीं है। मैं बस समझ..."

"चल बाहर चलते हैं। मैं समझाता हूँ।"

मैं उठकर ब्रश करने बाथरूम जाता हूँ और शीशे के सामने खड़ा देर

तक ख़ुद की आँखों में जवाब ढूँढ़ता रहता हूँ। ज़कात मेरा एक अज़ीज़ मित्र और साथी है। उसने ही मुझे साहित्य की दुनिया से मिलवाया था। ज़कात शायरी पढ़ने व लिखने में काफ़ी रुचि रखता है, और मैं कहानियाँ बुनने में। ज़कात और मैं पहली बार पार्क में मिले थे। वो बरगद के पेड़ के नीचे बैठा किताब पढ़ रहा था और मैं कुछ सोच-विचार में गाने सुनते हुए टहल रहा था। तभी हम एक-दूसरे से टकराए और तब थोड़ी बातचीत हुई तो जाना हम एक ही कॉलेज में जाते हैं और पहले साल के ही छात्र हैं। तब कोरोना के चलते हमारे कॉलेज बंद थे। बाहर के नाम पर केवल पार्क, और राशन-सब्ज़ी ख़रीदने के लिए जाना होता था। धीरे-धीरे हमने जाना कि हमारी पसंद-नापसंद कितनी मिलती है। वो इलेक्ट्रिक गिटार बजाया करता था और मैं ड्रम बजाना सीख ही रहा था। मुझे आर्ट बनाना पसंद था और उसे आर्ट वर्क को घंटों निहारना। हर चीज़ की ख़ूबसूरती को कैसे सराहना होता है ज़कात ने मुझे सिखाया। थोड़े समय बाद पसंद-नापसंद के साथ-साथ हम घर भी शेयर करने लगे। हम दोनों की म्यूज़िक की रुचि मेल खाती थी। हम शाम में रॉक म्यूज़िक में वाइब करते हुए रात को कब ग़ज़ल में खो जाया करते हमें ख़ुद पता नहीं चलता था। देखने में भी हम काफ़ी एक जैसे थे। हम दोनों की क़द-काठी, रंग, लंबे बाल, सब मेल खाते थे। कॉलेज में अधिकतर बच्चों और अध्यापकों को लगता कि हम जुड़वा भाई हैं। बस हम दोनों में अंतर इतना था कि मैं चश्मा लगाता था और वो नहीं।

पिछले एक महीने से जबसे ज़कात गाँव चला गया था, मेरा घर से बाहर निकलना सिर्फ़ राशन-सब्ज़ी लाने तक सीमित हो गया था। हम शाम को पार्क गए, ठीक उसी जगह जहाँ हम एक-दूसरे से पहली बार मिले थे। बरगद के पेड़ के नीचे। यह पूरे पार्क में हमारी अपनी जगह थी, जहाँ बैठकर अपने घर के बरामदे की याद आती थी। पेड़ के सामने बच्चों के झूले थे जहाँ बैठकर दिन भर बच्चों को हँसते-खेलते देखा जा सकता था।

चलने की जगह कई लोग शाम के वक़्त अपने कुत्तों को घुमाने निकलते थे। हम दोनों को जानवरों से इतना लगाव है कि हम उन जानवरों को पट्टा लगाकर बाँधकर घुमाने वाले इंसानों की तरफ़ ध्यान नहीं देते थे। पार्क की दूसरी ओर बूढ़े लोगों को हँसते-गाते हुए देखने में भी बहुत आनंद आता था। आज शाम थोड़ी अलग थी, कुछ तो यूँ भी अच्छा लग रहा था कि बहुत समय बाद ज़कात आया है और हम साथ टहलने निकले हैं। कुछ यूँ भी कि मौसम के मिज़ाज में आज अलग ही रूमानियत थी। आकाश का नीला और गुलाबी रंग साथ में ऐसे घुल रहा था जैसे नारंगी और हरे रंग के प्रेम में दो प्रेमी 'मैं और तू मिलकर एक हो जाएँ' के प्रसंग में एक हो रहे हों। मीठी, कोमल चलती हुई हवा बालों में हाथ फेर रही थी। रंग-बिरंगे फूल, जैसे ख़ुद वॉन गॉग़ ने उनमें रंग भरा हो। यह सब सुंदरता रोज़ उस जगह ही होती है पर मुझे सिर्फ़ ज़कात के साथ ही क्यों दिखती है? हम दोनों वहीं अपनी जगह, पेड़ के नीचे बैठते हैं। पहले मैं उससे उसके गाँव के बारे में पूछता हूँ, उसके सफ़र के बारे में पूछता हूँ और वो एक-दो पंक्तियों में पूरे एक महीने का बयान कर देता है। ज़कात बहुत कम बोलता है। वो ख़ामोशियों से ज़्यादा बातें करता है। और मैं, मैं एक प्रश्न के उत्तर में ख़ुद को पूरा-का-पूरा खोल के रख देता हूँ।

"क्या लिख रहे हो आजकल? और क्यों बोल रहे थे कि डरावने सपने आते हैं?" वो पूछता है।

"दोनों का उत्तर एक ही है। एक कहानी लिखना चालू किया है। पहली बार कुछ इस तरीक़े का लिख रहा हूँ। साहिल की कहानी। तुम तो जानते हो न, मैंने बता रखा है तुम्हें।" मैं ख़ुद प्रश्न करके ख़ुद जवाब भी परोस देता हूँ।

"आधे वक़्त अक्सर वहीं उलझा रहता हूँ। सपने में बिना शक्ल के कुछ भूत आते हैं और सब अपने में बातें करते रहते हैं। मुझे कुछ समझ नहीं आता। जो एक-दो शब्द कान में जाते हैं उन्हें मैं वैसे का वैसा कहानी में

लिख देता हूँ। रात को वो नींद छीन लेते हैं और जब मैं सुबह उन्हें लिखने बैठता हूँ तो मेरे ऊपर हँसते हैं। कविताएँ और शायरियाँ बेहतर हैं। कविता से याद आया, तुमने जो कविता लिखी है वो वहाँ क्यों है? क्या उसे वहाँ होना चाहिए? मुझे वो समझ नहीं आई।"

यह सब मैं एक साँस में बोल देता हूँ और ज़कात मुझे सुनता रहता है। फिर मंद मुस्कराता है और बोलता है, "यह होता है। यह अक्सर होता है। यह बहुत अच्छी बात है तू ऐसा कुछ लिख रहा है। लिखते जा, मैं भी तो तेरे साथ ही हूँ। जिस तरह तू रात को सो रहा था, तेरी पलकें आधी खुली आधी बंद थीं और दिमाग़ चल रहा था तभी मैं आया। फ़ोन की स्क्रीन खुली हुई थी तो मैंने चुपके से थोड़ा पढ़ लिया। इस चोरी की माफ़ी के लिए मैंने ये एक कविता लिख दी।"

"पर अर्थ क्या है?" मैं पूछता हूँ।

ज़कात बोला, "हम सारे लोग कितने अलग हैं फिर भी एक ही हैं। अच्छा-बुरा, हर-एक तरह के इंसान हैं। कितने चेहरे हैं, कितने ढंग हैं, कितने नाम हैं, कितने रंग हैं, पर सब इंसान हैं। सब एक ही तरफ़ भागे जा रहे हैं। सबको पैसा चाहिए, प्यार चाहिए, नाम चाहिए, सम्मान चाहिए। क्या कभी किसी ने रुककर ख़ुद से पूछा 'क्यों', क्यों चाहिए यह सब? कितना कुछ है, वो बहुत क्यों नहीं है? भूख कभी मिटती क्यों नहीं? इस भूख की अंधी भीड़ में सब एक जैसे लगते हैं, जो सड़क पर भीख माँग रहा है वो भी और जो लंबी गाड़ियों में सबसे अमीर आदमी है वो भी। जब से पैदा हुआ है जो-जो सुना है वो-वो सब रटा-रटाया सा बोले जा रहे हैं, जो-जो देखा है, किए जा रहे हैं। मुझे ऐसा नहीं बनना के चक्रव्यूह में मैं भीड़ में ख़ुद को देखता हूँ। मैं यहाँ क्या कर रहा हूँ? मुझे तो सबसे अलग बनना था, वो करना था जो कोई भी नहीं करता। पर सबसे अलग बनने की चाह तो सब में है। तो मैं सबसे अलग कैसे हुआ? सब इंसान अलग बनने के लिए अपनी इंसानियत भूल रहे हैं, असल में अब अलग वो है जो थोड़ी

इंसानियत रखता है। इस सब में कुछ भी प्राकृतिक नहीं है सब कृत्रिम है। एक चक्र है जिससे बाहर जाने का कोई रास्ता नहीं है। सब शून्य है।"

कुछ देर चुप्पी बनी रहती है। हम चलने लगते हैं।

"भाई तुम्हें कैसे पता कि सपनों में उन बिना शक्ल वालों के भूत में मैं भी होता हूँ?" मैंने ज़कात से पूछा।

"क्योंकि जहाँ तुम खड़े हुए हो वहाँ एक समय पर मेरे पैर भी धँसे हुए थे। मैं जानता हूँ वहाँ फँसे हुए कैसा लगता है! जब मैं उस जगह पर था तब मैंने यह कविता लिखी थी, इस वक़्त तुम्हें इसकी मुझसे ज़्यादा ज़रूरत है।"

कई बार कुछ लिखा हुआ और कुछ लोग आपका ज़रूरत के समय में इतना साथ देते हैं कि उनसे ज़्यादा उपयुक्त आपको उस पल कुछ नहीं लगता। ज़कात और उसकी यह कविता इस वक़्त मेरे लिए बिल्कुल ज़ख़्म पर मरहम की तरह थी।

पर्दा उठता है और कहानी चलती है। कहानी किसी के लिए नहीं रुकती। कहानी अच्छी या बुरी नहीं होती। कहानी बस कहानी होती है। पर्दा गिरता है, कहानी दौड़ती है।

रोज़ आने वाले कल को, बीते हुए कल के बीतने में, वर्तमान में बीतता हुआ देखता हूँ और आँखें मूँद लेता हूँ।

मुझे लगता है कि यह पूरे दिन कोई कार्य न कर पाने की नाकामी ही होती है कि हम रात को उसे कल के बस्ते में बाँध के सो जाते हैं। आने वाला कल, बीते हुए कल का कार्य करने में बीत जाएगा और आ चुके कल का कार्य हम परसों के बस्ते में डाल हमेशा के लिए सो जाएँगे।

'जीने की आदत' में विनोद कुमार शुक्ल कहते हैं– 'थोड़े-थोड़े भविष्य से ढेर सारे अतीत इकट्ठा करता हूँ, बचा हुआ तब भी ढेर सारा भविष्य होता है।' मुझे यह कहा इस क्षण साहिल पर काफ़ी लागू होता हुआ मालूम पड़ता है।

इसी अतीत को जीते हुए साहिल बचे हुए भविष्य के कार्य का बस्ता बाँधता है। उसका आज का पूरा दिन इसी विडंबना में निकला कि कैसे वो पूरी छुट्टियाँ उत्सुक था स्कूल जाने के लिए, कुसुम से मिलने के लिए पर वह पहले दिन ही समय पर नहीं उठ पाया और स्कूल नहीं गया। वो सोच में था कि– 'कुसुम का आज का दिन कैसा गया होगा? क्या उसने मेरे बारे में सोचा होगा कि आज मैं नहीं आया? उसको स्कूल में किसी लड़के ने परेशान तो नहीं किया होगा?' हम मनुष्य जाति की यह एक प्रवृत्ति है कि हमें उन चीज़ों को भी खो देने का डर रहता है जो हमने कभी पाई ही नहीं थीं, उन लोगों से बिछड़ जाने का जिन्होंने हमें कभी अपनाया ही नहीं, उन रिश्तों के बंधन टूट जाने का, जो कभी बँधे ही नहीं। इसी प्रवृत्ति के चलते साहिल के मन में भी एक डर जन्मा कि कहीं किसी और लड़के ने कुसुम को परेशान न किया हो, छेड़ा न हो। अपनी कल रात की ग़लती

को न दोहराने के प्रसंग में साहिल समय पर सो गया। नींद इतनी गहरी आई कि सपने आना भूल गए। सपनों की आड़ में केवल बिना चाँद-तारों का काला आसमान ही आया।

सुबह पक्षियों के मधुर गीत से हुई। आकाश बिना बादल के साफ़ नीला दिखाई पड़ रहा था, मानो शांत समुद्र आईने में देख रहा हो। हल्की ठंडी हवा ठीक उसी रफ़्तार से चल रही थी, जो आपको आपके होने पर यक़ीन दिला दे। इसी यक़ीन को लेकर साहिल स्कूल पहुँचता है। स्कूल के सामने उसे कुसुम अपने पापा के स्कूटर से उतरते हुए दिखती है। साहिल को कुसुम की एक झलक के सामने आज मौसम का मिज़ाज भी फ़ीका लगता है। साहिल ने स्कूल में प्रवेश किया और हिचकिचाते हुए पीछे से आवाज़ लगाई।

"कुसुम, हाय!" और हल्का सिहर गया।

कुसुम पलटी और एक सुंदर लंबी मुस्कान के साथ कुछ शरमाते हुए बोली, "हेलो! हाउ आर यू?"

दोनों साथ क़दम बढ़ाते हुए अपनी कक्षाओं की ओर बढ़ते हैं जो कि दाहिनी इमारत की दूसरी मंज़िल में हैं।

"तुम गिटार बजाते हो?" कुसुम ने अपने बाल सँवारते हुए पूछा।

"अभी कुछ समय पहले ही घर वालों ने दिलाया है, सीख रहा हूँ बस।" साहिल ने उसकी ओर देखते हुए कहा।

दोनों साथ सीढ़ी चढ़ रहे थे कि पहली मंज़िल पर उन्हें अपनी कक्षाओं के अध्यापक दिखे और दोनों असहज हो गए और एक लंबी चुप्पी दोनों के बीच हवा के झोंके के साथ गुज़र गई।

दूसरी मंज़िल पर पहुँचते हुए साहिल ने कुसुम को बताया कि कैसे वो कल स्कूल नहीं आ पाया था और पछता रहा था।

"अरे, कल तो मैं भी नहीं आई थी, यह तो अच्छा संयोग हुआ।" कुसुम ने साहिल की आँखों में देखकर हँसते हुए कहा।

कॉरिडोर में चलते हुए दोनों के सहपाठियों ने उन्हें आपस में बात करते हुए, मुस्कराते हुए ऐसे अचंभित होते हुए देखा मानो एक लड़के और लड़की का साथ चलना ग़ैर-क़ानूनी और असामाजिक हो। कुसुम की सहेली सुधा ने उसे छेड़ते हुए कुछ इशारे में कहा और कुसुम झेंपती हुई तेज़ क़दमों से अपनी कक्षा की ओर गई। तभी पीछे से साहिल की आवाज़ आई, "लंच ब्रेक में मिलोगी?"

कुसुम पलटी और उल्टा चलते हुए एक लंबी मुस्कान की चमक फैलाते हुए अपने सिर को हाँ में हिलाया और अपनी कक्षा में चली गई।

साहिल कल पूरे दिन इसी सोच में डूबा हुआ था कि क्यों वो स्कूल नहीं गया और कुसुम से नहीं मिल पाया। जाने कितने अलग ख़याल उसके ज़ेहन में डुबकी लगा चुके थे, पर उसे क्या पता था जिस कारण वह इतना भीग रहा था उसमें गीले होने जैसा कुछ था ही नहीं, जैसे ही कुसुम ने बताया कि वो भी कल नहीं आई थी मानो वह डूबे हुए समुद्र की सतह से उठ ऊपर तैर गया था। मन का बोझ यूँ हल्का हुआ और अब 'मैं क्यों बीते हुए कल में दिल पर पत्थर रखकर जी रहा था?' का हल्कापन आ गया था।

साहिल भी अपनी कक्षा में जैसे ही पैर रखता है, उसकी नज़र कक्षा के कोने में, आख़िर में पड़ी बेंच पर पड़ती है जहाँ वो प्रमोद और राज को पाता है। वही कक्षा, वही बेंच, वही दोस्ती, और तीनों की एक-दूसरे को देखते ही वही हँसी।

कभी मुझे भी अपने स्कूल के दिन याद आते हैं तो यही याद आता है। जब तक मैं विद्यालय में था मैं वहाँ से ऊब चुका था। मुझे जीवन में आगे बढ़ना था। मैं बचपन में ही बड़ा हो गया था। अब कॉलेज में जब स्कूल की याद आती है तो लगता है कि बस एक बार मैं फिर अपने मित्रों के साथ उस आख़िरी बेंच पर बैठकर, एक लम्हे में सारी ज़िंदगी फिर से जी लूँ। मुझे इसी बात से साहिल से बहुत ईर्ष्या है कि वह स्कूल में है और

वैसी ही ज़िंदगी जी रहा है जैसी ज़िंदगी जीनी चाहिए।

पहले पीरियड की घंटी बजती है और भरत सर का कक्षा में प्रवेश होता है। सर, बच्चों से छुट्टियों से पहले परीक्षा पत्र पर हस्ताक्षर करवाने वाले दिए हुए कार्य के बारे में पूछते हैं और एक-एक कर बच्चों को बुलाते हैं। साहिल की बारी आती है, उसके कंधे पर सर हाथ रखते हैं और कहते हैं, "देखो साहिल, तुम होनहार बच्चे हो। तुम ज़िंदगी में बहुत ऊपर उड़ सकते हो, बस तुम्हारी संगति ख़राब है। जब तक पीछे बैठोगे, आगे नहीं बढ़ पाओगे।"

साहिल को यह बात पहले भी कई अध्यापक बोल चुके हैं। पर दोस्तों को पीछे छोड़कर आगे बढ़ जाने में कुछ हासिल नहीं है। आप अलग रास्ते पर निकल सफल हो सकते हो, पर आख़िर में फिर आपका एक ही मित्र बचता है जो है अकेलापन। ऐसी सफलता किसी काम की नहीं जिसके मिल जाने के बाद आप सातवें आसमान पर ख़ुद को अकेला पाओ। असल जीवन में सफल होना तभी है जब आप अपने लोगों का हाथ पकड़कर उड़ान भरो, फिर भले ही आप ज़्यादा ऊँचा न उड़ पाओ, पर लंबा ज़रूर उड़ोगे। अकेले शिखर के आख़िर पर खड़े सातवें आसमान से गिरने के बाद शून्य से चालू करना पड़ता है, आठवें से नहीं।

तीसरी घंटी बजती है। मैथ्स की टीचर देर तक पढ़ाती हैं और लंच ब्रेक में से पाँच मिनट खा जाती हैं। साथ में कुछ बच्चों की गालियाँ भी। दूसरी तरफ़ साहिल बस कक्षा की दूसरी ओर से खिड़की के बाहर कुसुम की एक झलक का भूखा हो रहा है। टीचर बाईं विंग से बाहर निकलती हैं। साहिल भागता हुआ कक्षा के द्वार पर पहुँचता है और चारों ओर छान लेने के बाद जब उसे कुसुम नहीं दिखती तो हताशा से अपना खाना ख़त्म कर कॉरिडोर में ही, घंटों ट्रेन का इंतज़ार करते किसी थके यात्री की तरह खड़ा रहता है। साहिल सुधा से पूछता है, "कुसुम कहाँ है?"

सुधा बताती है, "कुसुम के घर में शायद कुछ परेशानी चल रही है और

वो अंदर बैठी रो रही है। मैंने बहुत कोशिश की जानने की, उससे पूछने की, परंतु मेरी सारी कोशिशें नाकामयाब ही गईं।"

साहिल को समझ नहीं आया कि अब क्या किया जाए तो वह सुधा से बोला, "उसे जाकर बोलो कि मैं बात करना चाहता हूँ।"

लंच ब्रेक ख़त्म होने से क़रीब पाँच मिनट पहले कुसुम अपनी कुछ नम आँखें लिए आती है। साहिल कुछ समझ नहीं पाता कि क्या बोला जाए, वो बस अपना हाथ कुसुम के हाथों पर रख देता है। 'कुसुम रोते हुए भी बहुत सुंदर लगती है।' साहिल सोचता है। मैं जानता हूँ कि यह एक अजीब बात है, एक अजीब एहसास है, पर यह सच है। साहिल काग़ज़ पर लिखी हुई अपनी शायरी उसको थमाता है, जिसको पढ़कर कुसुम के मुँह पर वही रौशन मुस्कान आ जाती है और ब्लैकआउट होता है।

इक निवाला हाथी का
इक निवाला घोड़े का
इक निवाला भालू का
~जावेद अख़्तर

आज तीसरा दिन है। तीन दिन से भूख लगी है। लिखने की भूख। कुछ नहीं लिखा। कुछ लिख ही नहीं पाया। लिखने बैठा था परंतु पिछले ब्लैकआउट के बाद अगले फ़ेड-इन को लिख नहीं पाया। अभी वहीं से शुरू कर रहा हूँ, क्योंकि शुरू से शुरू करने से कुछ नहीं होगा, मैं वहीं आकर पहुँचूँगा। बाहर मौसम साफ़ है। हल्की बारिश ने सारी उड़ती धूल के कण सड़कों के गड्ढों में डाल दिए हैं। गड्ढे में कीचड़ है और मेरी काग़ज़ की नाव फँसी हुई है। बारिश के बाद हल्की धूप बादलों के पेट को

चीरते हुए आ रही है। अपने हिस्से का आकाश मुझे साफ़ नज़र आ रहा है। आकाश में हल्के रंग का इंद्रधनुष दिखाई पड़ रहा है। शैड पर बारिश की बूँदों की आवाज़ यूँ पड़ रही है जैसे इंद्रधनुष पर इंद्र के आठ लकड़ी के घोड़े चल रहे हों। आँखें बंद करने पर साहिल दिख रहा है पर नाव तो बीच में फँसी पड़ी है। मैं काग़ज़ का हवाई जहाज़ बना के उड़ा देता हूँ। गिरने से पहले उड़ने की चाह में, थोड़ा उड़ लेता हूँ।

साहिल आज स्कूल दस मिनट पहले पहुँच गया। कॉरिडोर में प्रमोद व राज के साथ खड़ा साहिल कुसुम के इंतज़ार में, मंदिर में दर्शनार्थियों की पंक्ति में खड़ा, जैसे एक बार भगवान के दिख जाने में कुसुम को ढूँढ़ रहा हो। घंटी बजती है और ज़ीरो पीरियड चालू होता है। कुसुम की क्लास साहिल से अगली क्लास है तो साहिल अपनी नज़रें खिड़की की ओर गढ़ाए बैठा हुआ है।

"साहिल?"

साहिल यहाँ मौजूद नहीं है।

"साहिल?"

साहिल के साथ बैठा प्रमोद उसके पैर में च्यूँटी काटता है।

"संजीत?"

साहिल, "प्रेजेंट मैडम!"

मलिक मैडम, "प्रेजेंट? मैंने दो बार नाम लिया तब कहाँ खोए हुए थे? मैंने एब्सेंट लगा दी। अब काटना पड़ेगा।"

पहले पीरियड की घंटी बजती है। साहिल को पता लगता है कि कुसुम आज एब्सेंट है। स्कूल नहीं आई है। साहिल स्कूल प्रेजेंट होकर भी एब्सेंट था, बस उसका शरीर वहाँ बैठा हुआ था। कुसुम एब्सेंट होकर भी प्रेजेंट थी, साहिल के अंदर ही कहीं छुपी हुई थी जैसे कोई तितली अपने ही रंग के फूल के अंदर, जैसे कोई ख़त या किताब के अंदर, जैसे ख़त के अंदर सूखे फूल, जैसे गुल, जैसे कुसुम। कुसुम...

साहिल ने ख़ुद से कहा– 'कुसुम ने मुझे बताया क्यों नहीं कि वो आज स्कूल नहीं आने वाली थी।' साहिल थोड़ा मायूस परेशान पूरा दिन इन्हीं ख़यालात के कीचड़ में धँसता रहता है। पिछले कुछ समय से साहिल और कुसुम का लंच ब्रेक में साथ खाना खाने का एक नित्य बँध चुका था। कुसुम के बिना साहिल को भूख-प्यास का ध्यान ही नहीं रहता था। प्रमोद और राज साहिल का मन थोड़ा उत्साह से भर देने के लिए उसे अपने साथ ज़बरदस्ती कैंटीन ले जाते थे।

दिन जैसे-तैसे कटता है और स्कूल छूटता है। साहिल, प्रमोद व राज पार्क से टहलते हुए बाहर निकलते हैं। इस पूरी दुनिया में अगर कुछ है जो साहिल की मायूसी दूर कर सकती है, और कुछ देर के लिए ही सही कुसुम को उसके दिमाग़ से भुला सकती है तो वो है फ़ुटबॉल। तीनों आज शाम को साथ 'फ़ुटबॉल खेलेंगे', का मंसूबा लिए अपने-अपने घरों को हो लेते हैं।

दोपहर घर जाकर साहिल पूरे दिन की थकान और उदासी मिटाने के लिए घोड़े बेच कर सो गया था। दोपहर दो बजे गर्मी अपने चरम पर थी। नींद इतनी गहरी नहीं थी कि सपने आते, पर सपनों में आने वाली कुसुम ने ज़रूर दरवाज़े पर दस्तक दी थी। 'कुसुम आज क्यों नहीं आई! सब ठीक तो होगा न! उसने कुछ मैसेज क्यों नहीं किया!' इन सब चक्रों की परिधि पर आधी खुली, आधी बंद आँखों से साहिल गोल-गोल घूमता रहा।

शाम ठीक पाँच बजे साहिल, प्रमोद व राज और कॉलोनी के कुछ अन्य बच्चे पार्क में अपने संग फ़ुटबॉल, खेलने के जूते व उत्साह लेकर मिलते हैं। दोपहर से थोड़ा उदास-परेशान रहने के बाद शाम को अगर कुछ है जो उसकी उदासी में टूटे तारे जैसी कुछ पल की चमक ला सकती है तो वो है फ़ुटबॉल। खेल शुरू हुआ। मौसम साफ़ था, हल्की ठंडी हवा चल रही थी। उत्साह और जोश से भरपूर साहिल हमेशा की तरह आगे खेलता हुआ, गोल मारता हुआ, अपनी फूटी क़िस्मत का ग़ुस्सा गेंद पर

निकालता हुआ, ज़्यादा जोश में भागता हुआ गिर जाता है और उसकी दाहिनी हथेली पर चोट लग जाती है। प्रमोद और राज साहिल को उसके घर तक लेकर जाते हैं। शाम तक जैसे-जैसे दर्द बढ़ता जाता है और हाथ सूजता जाता है, उसके घर वाले चिंतित हो उसे अस्पताल लेकर जाते हैं। जाँच के बाद पता चलता है कि हड्डी टूटी है। और तीन महीने के लिए प्लास्टर चढ़ता है। कुछ ही दिनों में परीक्षा शुरू होने वाली है, कैसे लिख पाऊँगा? गिटार कैसे बजाऊँगा? फ़ुटबॉल नहीं खेल पाऊँगा, नहाने-धोने, खाने-पीने सब में समस्या होगी, जैसी कई चिंताओं से साहिल घिर गया। घर पहुँचकर थोड़ी डाँट पड़ती है, जैसे– 'पता नहीं कितना लापरवाह है, कैसे खेलता है, सब्ज़ी-फल नहीं खाता' आदि, लेकिन डाँट के साथ ख़ूब सारा प्यार भी मिलता है– 'कुछ दिन स्कूल मत जा, खाने-पीने पर ध्यान दे।'

रिश्तेदार हाल-चाल पूछने आने लगे। हाथ टूटने के नुक़सान के साथ साहिल को कई फ़ायदे भी नज़र आने लगे, न जाने कितने समय बाद माँ ने अपने हाथों से निवाला बनाकर खिलाया था। इक निवाला हाथी का, इक निवाला घोड़े का, इक निवाला भालू का... जैसे माँ बचपन में खिलाया करती थीं।

सिर्फ़ साहिल की माँ नहीं, मेरी और आप सबकी माँ भी। माँ की यही ख़ासियत है जब मैं माँ के बारे में कुछ कहता हूँ या लिखता हूँ, मैं अपनी माँ के बारे में कहता व लिखता हूँ, लेकिन सुनने व पढ़ने वाले अपनी माँ को कल्पना में डालकर सुनते व पढ़ते हैं। माँ सुंदर है, मैं अपनी माँ के लिए लिखता हूँ। माँ सुंदर है, आप अपनी माँ को याद करते हो। हम सबकी माँएँ अलग हैं, पर सबकी माँओं की ममता अपने बच्चे के लिए एक ही है। ख़ैर, कुछ दिन साहिल को बहुत प्यार मिला, पापा मन-पसंद फल ले आते थे। बहन साथ बिठाकर प्यार करती थी व खेलती थी। रिश्तेदार जब भी आते थे जूस व चॉकलेट के नाम के कुछ पैसे भी दे जाते

थे। कुछ दिन यूँ ही चलता रहता है। इन तीन-चार दिनों में साहिल का कुसुम से किसी भी प्रकार का संपर्क नहीं हो पाता है। साहिल रोज़ कुसुम को मैसेज कर देता था, पर वो उस तक पहुँच नहीं पाते थे। फिर एक दिन अचानक कुसुम का मैसेज आता है।

'हाय! कैसे हो तुम?'

पढ़ते ही एक मुस्कान साहिल के होंठों पर खिल आती है। बाएँ हाथ से साहिल जवाब दे ही रहा होता है, कि कुसुम का एक और मैसेज आता है– 'प्रमोद ने बताया तुम्हारे हाथ में फ्रैक्चर हो गया है। ऐसे कैसे खेल रहे थे? अब ठीक हो? स्कूल कब से आओगे?'

साहिल दुबारा टाइप कर ही रहा होता है कि इतने में कुसुम लिखती है– 'चलो अब जाना पड़ेगा, ध्यान रखना। जब स्कूल आओगे ख़ूब सारी बातें करेंगे। Bye!'

साहिल फ़ोन रख देता है और सोच के अंतरिक्ष में अनगिनत नक्षत्रों में काग़ज़ के जहाज़-से उड़ते 'हमारे तारे कब संरेखित होंगे' के प्रश्न होते हैं। वहाँ मेरा काग़ज़ का हवाई जहाज़ भी पेड़ की शाखा में अटक जाता है और मैं बालकनी में खड़ा देखता रहता हूँ।

यह कहानी सिर्फ़ पात्रों की नहीं रह गई। लेखक और पाठक भी पात्र हो चले हैं। हाथों की लकीरें जुड़ती हुई नज़र आती हैं। लकीरों का माँझा और माथे पर उभरती रेखाएँ।

आजकल मौसम काफ़ी सुंदर है। ग्रीष्म ऋतु के बाद और वर्षा ऋतु के बीच के जो कुछ दिन होते हैं, जिनमें मन करता है घंटों बस गीली घास पर सीधा लेट बादलों के आगमन को आँखों में भरा जाए। साफ़ आसमान के नीले रंग में गुलाबी-बैंगनी रंग के बादल धीरे से सरकते हुए ठीक मेरे सिर के ऊपर आकर ठहर जाते हैं। जब मैं चलता हूँ सब बादल बहुत सारी अलग-अलग आकृतियाँ लिए मेरे साथ चलते हैं। जब-जब मैंने जिस-जिस चीज़ को चाहा है वो वस्तु बादल का आकार लिए मेरे साथ चली है। न जाने कब फट जाए, की आशा में मैं घंटों ऊपर देख दबे क़दमों से चलता जाता हूँ और इस दरमियाँ कब रात हो जाती है पता ही नहीं लगता। रात हो जाने का एहसास तभी होता है जब वो वस्तु जो मैंने चाही थी, जिसके आकार मैंने बादलों में देखे थे, वो जुगनू की चमक की तरह मुझे प्राप्त हो जाती है। कब छत पर तारों के नीचे बैठे, चाँद के बादल के आगे-पीछे के खेल में, और कुछ ज़कात की शायरी सुनते, कुछ अपनी कहानियाँ बुनते सूरज फिर चमक उठता है पता नहीं लगता। आषाढ़ के महीने में कब एक-एक दिन एक-एक करके नौ-दो ग्यारह हो जाते हैं यह हिसाब समझ में नहीं रहता। इन्हीं दिनों में से एक दिन पार्क में ज़कात के साथ लेटे हुए, जब सारी इच्छाओं के बादल ख़त्म हो जाते हैं और बादल सिर्फ़ बादल दिखते हैं, तब नए बादलों की तलाश में हम दोनों कुछ दिन छुट्टियों में हिमाचल जाने का प्लान बनाते हैं। काफ़ी समय हो गया अपने को समय दिए। फ़र्स्ट सेमेस्टर की परीक्षाएँ कोरोना के चलते ऑनलाइन मोड में हुईं। परीक्षाओं के बाद हम रेल के दो टिकट बुक करवाते हैं। टिकट बुधवार सुबह चार बजे के हैं और आज है सोमवार। अभी दो दिन हैं, इन दो

दिनों में मुझे थोड़ी ख़रीदारी करनी है। नए कपड़े और कुछ नई किताबें। जाने से पहले, क्यों न दो दिन कुसुम की कहानी आगे बढ़ाई जाए, मैं यह निर्णय लेता हूँ।

कुसुम की कहानी में साहिल क़रीब हफ़्तेभर की छुट्टी के बाद स्कूल आया था। दाहिने हाथ की टूटी हड्डी और बाईं हथेली की टूटी-फूटी लकीरें लिए साहिल कक्षा के हर छात्र और स्कूल के हर अध्यापक के, 'चोट कैसे आई' के प्रश्नों से जैसे-तैसे बचते हुए, लंच ब्रेक की घंटी सुनता है। कुसुम और साहिल कक्षा के बाहर कॉरिडोर के छज्जे के खंभे के पास मिलते हैं। साहिल अपना बीते हफ़्ते का एक-एक पल कुसुम को बताता है। खाने का डब्बा खुलता है। साहिल बाएँ हाथ से जैसे-तैसे रोटी का टुकड़ा लेता है और खाता है। अगली गिराई कुसुम साहिल को बनाकर खिलाती है। और यहाँ से शुरू होता है साहिल और कुसुम का सफ़रनामा। सफ़र रोज़ स्कूल साथ आने का, लंच ब्रेक में वहीं उसी जगह पर खड़े होने का, साथ लंच खाने का, स्कूल ख़त्म होने के बाद बाहर पार्क में से होते हुए, हाथ पकड़ बस तक जाने का।

हमेशा हाथों में हाथ। हाथों की लकीरें जुड़ती हुई नज़र आती हैं। लकीरों का सुलझा माँझा और माथे पर रेखाएँ।

सब कुछ जैसे स्वर्ग के बादलों में से किसी उड़ते सफ़ेद पंख-सा, पंख जैसे किसी परी के पर में से निकलकर आया हो। स्वर्ग से पंख सीधे मेरे ऊपर... चुप...

पर अब इसके आगे क्या? सब एक दिन ख़त्म तो होना ही है। सीधा आख़िर लिख दूँ?

"चल भाई कुछ माँझा ख़रीद ले आएँ।" मैंने ज़कात को बोलते हुए सुना।

"ज़कात, तुम इस कहानी में क्या कर रहे हो?" मैंने आश्चर्य से पूछा।

"मैं तो यहीं था कब से, तुम्हें नज़र नहीं आया। अब लगा तुम्हें ज़रूरत

है।"

"पर..." मैं कुछ समझ नहीं पाता।

"चल भाई कुछ कपड़े ख़रीद लाएँ।" ज़कात ने मुझे सिर पर मारते हुए कहा, "कितना सोएगा स्साले? चल उठ। और यह हमेशा आधी खुली और आधी बंद आँखों में क्या बड़बड़ाता रहता है? चल कुछ कपड़े ख़रीद लाएँ। परसों जाना नहीं है? हिमाचल के बादल बुला रहे हैं।" ज़कात की बातों और आँखों से उत्सुकता बाहर बह रही होती है।

ज़कात मुझे उस लेखन की दुनिया से उठाकर बाहर की दुनिया में सुला देता है। और हम मार्केट की तरफ़ रवाना होते हैं।

'सब कृत्रिम है'- मेरे अंदर से मार्केट के शोर में से आवाज़ आई। मैं कृत्रिम की गलियों में चकराता रहा, घेरे लगाता रहा, फँसता रहा, धँसता रहा। भीड़ में ज़कात का हाथ मुझसे छूट गया।

"ज़कात, तुम कहाँ हो?" आवाज़ अंदर ही रही, गले से होंठों के बीच किसी गली में मर गई। साँस न आने के कारण मैं मार्केट से बाहर आया। एक पानी की बॉटल ली, थोड़ी देर बैठा तब जाकर कहीं साँसें चलीं।

"कहाँ चला गया था ब्रो? क्या हुआ? ठीक तो है?"

मैंने हाँ में सिर हिलाया और हम कुछ गरम कपड़े, दवाइयाँ, ब्रश, साबुन जैसी अन्य काम की चीज़ें लेकर और रात का खाना बाहर से पैक करवाकर घर आ गए।

"कहानी कैसी चल रही है?" ज़कात ने जवाब की आशा से पूछा।

"ठीक-ठाक! तुम्हें तो पता होना चाहिए, तुम भी तो लिखते हो। कितनी उलझनें होती हैं। काश मैं भी कहानी का पात्र होता! काश कोई मेरा उलझा माँझा लिख देता!" मैं ज़कात से कहता हूँ।

मैं अपना खाना अपने कमरे में आकर खाने लगता हूँ। खाना खाकर थोड़ी देर सीधा लेट छत को घूरता रहता हूँ। हल्की आँख लगते ही ज़कात कमरे में आता है और कहता है, "जब हाथ छूट गया था मार्केट में, तब

मैं यह गिफ़्ट लेने गया था तेरे लिए। हमेशा मुझे समझने के लिए और मुझे मानने के लिए यह किताब और क़लम तेरे लिए। तू बस लिख। जब कहीं ज़रूरत हो तो मैं तेरे साथ हूँ। ठीक तेरे पीछे।"

मेरा सारा ग़ुस्सा, सारा डर बाहर निकल जाता है, जैसे ढक्कन खोलते ही सोडे के बुलबुले ऊपर आ जाते हैं। मैं ज़कात को शुक्रिया कहता हूँ और किताब-क़लम सिरहाने के पास रख सो जाता हूँ, आशा में कि कोई परी आए और कहानी आगे बढ़े।

अगले महीने परीक्षा शुरू होती है, और कुछ समय बाद साहिल और कुसुम दोनों एक-एक कक्षा ऊपर आ जाते हैं। एक महीने बाद साहिल का प्लास्टर निकल जाता है। प्लास्टर के हटने के बाद दो-तीन दिन लगते हैं हाथ को फिर से सही से काम करने में। पिछले तीन महीने कितनी दिक़्क़त हुई साहिल को काम करने में यह सिर्फ़ वही जानता है। शरीर के हर एक अंग की कितनी क़ीमत होती है साहिल को अब मालूम पड़ा। हम अपने शरीर का मूल्य तब तक नहीं समझ पाते जब तक कोई बीमारी या चोट उस हिस्से घर न कर जाए और हम अपने शरीर का ढंग से इस्तेमाल न कर पाएँ। साहिल अपनी गिटार प्रैक्टिस फिर शुरू करता है और कुछ समय में काफ़ी अच्छा सीख भी जाता है। कुसुम के साथ स्कूल ग्राउंड में हाथ पकड़ कर घूमना। फिर फ़ुटबॉल भी खेलने लगता है। साहिल बहुत ख़ुश रहता है। लेकिन कुछ समय पूरा महसूस करने के बाद साहिल को फिर अधूरा लगता है। उसे समझ नहीं आता कि यह क्या है जो उसे खाए जा रहा है! कुसुम उसके साथ है। वो फिर से खेल-कूद पा रहा है। गिटार अच्छे से बजा रहा है। वह सब फिर से कर पा रहा है जो वो तीन महीने पहले करता था।

इन्हीं दिनों में से एक दिन छठे पीरियड में, जो कि हिंदी का पीरियड है, भरत सर छुट्टी पर होते हैं और पूरी कक्षा हल्ला मचा रही होती है। साहिल एक पेंसिल-काग़ज़ लेकर बैठ जाता है और यूँ ही कुछ चित्र बनाने

लगता है। चित्र एक पक्षी का, एक बंद पिंजरे में। बूढ़ा पक्षी और उसका एक अंडा जो किसी भी वक़्त छोटे परिंदे में बदल सकता है।

एक परिंदा, जो पिंजरे में ही पैदा हुआ हो, जो पिंजरे में पला-बढ़ा हो, बैठा यह सोचता हो कि– बाहर आकाश में जो पक्षी उड़ रहे हैं, ग़लत हैं। हमारा काम उड़ना थोड़े ही होता है। हमारा काम तो होता है पिंजरे में चुपचाप बैठना और आवाज़ भी न करना। जिससे हमारे मालिक को कोई परेशानी भी न हो।

मैं सोचता हूँ कि यह मालिक कौन है? यह कौन है जो एक पक्षी से उसकी उड़ने की आज़ादी छीन रहा है? यह कौन है जो तय करता है कि कोई उड़ने के क़ाबिल भी है या नहीं? यह पंख व्यर्थ है। यह जीवन व्यर्थ है। एक परिंदा जो पिंजरे में ही पैदा हुआ हो।

चित्र में पक्षी बदलकर कुछ मज़दूर बन जाते हैं। ग़रीब ख़ुद किसी दूसरे अमीर का विशाल घर बना रहे हैं अपनी-अपनी झोपड़ी चलाने के लिए। मालिक दिन की दिहाड़ी काट लेता है, क्योंकि वो मालिक है।

सातवें पीरियड की घंटी बजती है जिसमें साहिल सो जाता है। आठवाँ पीरियड स्पोर्ट्स का होता है। नींद खुलती है और पूरी कक्षा बैग उठाकर ग्राउंड की तरफ़ निकलती है। छुट्टी के वक़्त साहिल और कुसुम साथ बाहर तक जाते हैं। साहिल ख़ुश है। शायद लिखने में भी उसे एक नई ख़ुशी मिली है। एक नया सीधा सफ़र। सफ़र रेल पर सीधी पटरी का। सफ़र चींटियों की सीधी पंक्ति का। सफ़र उँगलियों का उँगलियों की ओर, हमेशा हाथों में हाथ, हाथों की लकीरें जुड़ती हुई नज़र आती हैं। लकीरों का सुलझा माँझा और माथे पर सीधी रेखाएँ।

मैं सुबह जल्दी उठ कहानी यहाँ तक आगे बढ़ाता हूँ। ज़कात घर पर नहीं है, शायद कॉलेज गया है। मुझे डेस्क पर कुछ पन्ने मिले जिनमें ज़कात ने अपनी कुछ शायरियाँ छुपा रखी थीं। पहले ज़कात अपना लिखा-पढ़ा सुना दिया करता था, पर जबसे वो वापस आया है उसने कुछ

नहीं सुनाया। न जाने क्यों अब वो और भी चुप रहने लगा है। मैं उसकी शायरी पढ़ने की थोड़ी गुस्ताख़ी कर लेता हूँ।

मेरी क़ाबिलियत का फ़ैसला उनके हक़ में नहीं
मेरी क़लम गवाह है मैं ख़ुद के बस में नहीं
अँधेरों से रिश्ता मुझे नहीं भाया कभी भी
मैं तो पैदा ही ज़कात, चमकने के लिए हुआ था
(मेरे लिए)

...

मैं दरिया, तुम फ़िज़ा
लंबा फ़ासला है एक-दूजे के दर्मियाँ
पर मुझमें तुम्हारा अक्स है
फ़लक में माहताब मुकम्मल है
पर हम कुछ ना-तमाम हैं
उठे कोई ज़लज़ला
तुझे छू लें हम
यह ख़याल भी ज़कात, अच्छा है।
(तुम्हारे लिए)

...

यह ज़मीन न मेरी न तुम्हारी
दो गज़ ज़मीन पर क्या लड़ना?
आख़िर में सबको मिट्टी में मिल जाना है
आसमान तुम्हारा, मेरा, हम सबका है
आख़िर में सबको सितारा बनकर चमकते रहना है

(हम सबके लिए)

मैंने यह शायरी पढ़ी और स्तब्ध-सा खड़ा रहा। न जाने इनके पीछे ज़कात के लिखने का क्या कारण रहा होगा। लेकिन मैं ज़कात को जानता हूँ। मुझे लगता है मैं ज़कात को जानता हूँ। वो कुछ भी यूँ ही नहीं लिखता। सिर्फ़ दिल से ही लिखा हुआ दूसरे के दिल को छू सकता है। मैं अगला पन्ना परखने जा ही रहा था कि दरवाज़े से ज़कात प्रवेश करता है। जैसे ही उसने मेरे हाथ में अपनी शायरियाँ देखीं उसने पन्ने छीनते हुए कहा–

"ये क्या? तुम मेरी शायरियाँ क्यों पढ़ रहे हो?"

"ज़कात, मैंने तो... मैं बस..." गला साफ़ करते हुए, "ज़कात, मैंने तो बस ये पन्ने तुम्हारी मेज़ पर पड़े हुए देखे, तो मुझे लगा... मुझे लगा मैं..." मैंने डरी हुई आवाज़ में उसे समझाना चाहा। ज़कात का मुँह ग़ुस्से से भरने लगा।

"मुझे लगा क्या? तुम्हें किसने हक़ दिया मेरे निज में झाँकने का? तुम ये भी अपने लेखन में लिख दोगे न? तुम्हें पढ़ने वालों को किसने हक़ दिया मेरा निज जानने का? हर बात नहीं लिखी जाती भाई। कुछ बातों का न लिखना ही बेहतर होता है। पर तुम तो लेखक हो, नीयत से मजबूर। जाओ यहाँ से, मुझे कुछ देर अकेले रहने दो।" ज़कात ने सारा ग़ुस्सा एक साँस में निकालते हुए कहा।

"ज़कात, आई एम सॉरी! मुझे नहीं पता था। मुझे लगा..."

मेरी आँखों से एक आँसू छलक पड़ा और मैं दरवाज़े से बाहर निकल आया। 'इतना भी क्या ग़लत कर दिया का' बोझ दिल और दिमाग़ में लिए मैं सामान बाँधने लगा। कल सुबह चार बजे की ट्रेन है और ज़कात मुझसे ग़ुस्सा हो गया था। ज़कात बालकनी में खड़ा, पेड़ पर कूदती-खेलती गिलहरी को देखते हुए ख़ुद एक गिलहरी बन गया और बैठा रहा। एक उदास गिलहरी। मैं उसके कमरे में गया और उसका भी सामान बाँध दिया

ताकि उसका ग़ुस्सा थोड़ा कम हो जाए।

सूरज ढल चुका था और मच्छरों का घर में आना चालू हो गया था। मैंने सोफ़े पर बैठ किशोर-रफ़ी के पुराने गाने चलाए और ज़कात की कल रात गिफ़्ट की हुई डायरी खोलकर कुछ चित्र बनाने लगा। ज़कात बालकनी बंद करके कमरे में आया और उसने आज के अपने बर्ताव के लिए माफ़ी माँगी।

"मुझे ऐसे नहीं बोलना चाहिए था। माफ़ कर दो।" ज़कात ने मेरी तरफ़ देखते हुए धीमे स्वर में कहा।

"तुम माफ़ी क्यों माँग रहे हो? मुझे तुम्हारी शायरी यूँ ही बिना अनुमति के नहीं पढ़नी चाहिए थी।"

कुछ देर हम दोनों शांत रहे।

"तुम आजकल बहुत शांत रहते हो। जबसे वापस आए हो ज़्यादा बात भी नहीं करते। तुम अब पहले जैसे बर्ताव भी नहीं करते। पहले तुम कितने उत्साहित रहते थे अपनी नई लिखी शायरियाँ सुनाने के लिए। वही एक इकलौता ज़रिया था जिससे मैं जान पाता था कि तुम्हारे दिल और ज़ेहन में क्या चल रहा है। मैं जानना चाहता था कि तुम्हें क्या हुआ है? मैं जानता हूँ, तुम उसी बारे में शायरी लिखते हो जो तुम्हारे साथ बीत रहा होता है। इसलिए मैंने सोचा कि..." मैंने चुप्पी तोड़ते हुए कहा।

ज़कात मेरे साथ सोफ़े पर आकर बैठ गया और रफ़ी का आख़िरी गाना जो इस वक़्त टीवी पर बज रहा था, गुनगुनाने लगा।

'शाम क्यों उदास है दोस्त, तू कहीं आस-पास है दोस्त...'

हमने वहीं सोफ़े पर बैठकर रात का खाना खाया और गाने सुने। रात के क़रीब 11 बज रहे थे। चार घंटे में हमें पुरानी दिल्ली रेलवे स्टेशन पहुँचना था। खाना ख़त्म कर ज़कात बोला, "चल जल्दी से बैग पैक करके निकलते हैं वरना लेट हो जाएँगे। मुझसे अब इंतज़ार नहीं हो रहा नए बादलों को देखने का।" वह काफ़ी उत्साह में था।

"मैं सामान बाँध चुका हूँ।"

"अच्छा बेटा, तू तो बहुत तेज़ निकला। चल मैं भी बाँध के आता हूँ जल्दी से।"

"तेरा भी बाँध चुका।" मैंने ज़कात की ओर देखते हुए कहा।

वो ख़ुश हो गया। उसके उदास चेहरे पर एक मुस्कान तैर गई।

"तो नई डायरी में कुछ लिखना शुरू किया?" ज़कात ने 'हाँ' सुनने के इरादे से पूछा।

"नहीं, अभी तो नहीं। एक चित्र बनाया है।"

"दिखा कौन-सा चित्र?"

"ऐसे ही डूडल आर्ट है। Every Brilliant Thing! का।"

"Every Brilliant thing?"

"हाँ, बहुत पहले एक नाटक देखा था। नाटक में एक लड़की अपनी माँ के डिप्रेशन से सुसाइड अटेम्प्ट के बाद, एक लिस्ट बनाती है। लिस्ट ऑफ़ Every Brilliant Thing! जो उसका साथ देती है।"

"मैं डूडल आर्ट बना रहा हूँ। जब पूरा होगा दिखाऊँगा।" मैंने कहा।

"पूरा होगा कभी? एक पन्ने में सारी ब्रिलियंट चीज़ें?" ज़कात ने पूछा। और हम दोनों एक-दूसरे की ओर देख मुस्करा दिए।

रात के क़रीब दो बज रहे थे। ठंडी रात में बाहर कुत्तों के भौंकने की आवाज़ें आ रही थीं, जैसे रात को उन्होंने भूत देख लिया हो। हम दोनों ने ऑटो बुक किया और अपना-अपना सामान लेकर नीचे उतरे। दो-तीन गली के कुत्ते भौंक रहे थे। कुछ कहना चाह रहे थे। दरअसल वजह भूत नहीं, भूख थी। बैग से मैंने ट्रेन में खाने के लिए पैक किए गए, ब्रेड और बिस्कुट निकाले और उन्हें खिला दिया। इतने में ऑटो आ गया और हम तीन बजे तक स्टेशन पहुँच गए। ट्रेन चार बजे की थी। हम एक घंटा जल्दी पहुँचे तो पता लगा ट्रेन एक घंटा लेट पहुँचेगी। स्टेशन पर बुक स्टोर से मैंने सफ़र के लिए कुछ किताबें ख़रीद लीं। ट्रेन के इंतज़ार में मैंने ज़कात

से पूछा।

“तुमने जो कहा था, तुम तो लेखक हो नीयत से मजबूर, उसका क्या कारण था?”

“सॉरी, ग़ुस्से में मुँह से निकल गया था।” ज़कात ने नीचे ज़मीन की ओर देखते हुए कहा।

“हाँ ग़ुस्से में सच ही निकलता है। ऐसी क्या नीयत है लेखकों की?”

“लालच।” उसने कहा।

“लालच? क्यों?”

“एक लेखक बहुत लालची होता है। उसे बस मौक़ा या एक कारण चाहिए होता है कि वो लिख सके। चाहे ख़ुद का सुख-दुख हो या किसी और का। हम एक मौक़ा नहीं छोड़ते उसे अपना स्वार्थ बनाकर लिख डालने का। हम ख़ुद के और दूसरे के जिए हुए में कोई लेखन, कोई कहानी, कोई कविता, कोई शायरी ढूँढ़ निकालते हैं। हम फ़ायदा ढूँढ़ने से नहीं चूकते। पर क्या यह सही है? लालच... स्वार्थ? इसलिए मैंने कहा कि हर बात भी नहीं लिखनी होती।... यह बात, यह जो मैंने अभी बोला है यह मत लिख देना साहिल की कहानी में।” ज़कात ने कटाक्ष में कहा।

मैंने हाँ में सिर हिला दिया। उसको कौन बताए यह कहानी अब सिर्फ़ साहिल या कुसुम की नहीं रह गई है। यह उसकी और मेरी भी कहानी बन गई है। हम भी पात्र हैं। हम भी खेल रहे हैं। मैं लालच जैसे बहुत बड़े शब्द के अंदर खो गया। मेरी इस यात्रा से भी तो लालसा है। इस यात्रा पर निकलते वक़्त सफ़र से मेरी यही अपेक्षा है कि मुझे कुछ ऊन मिलेगा, जिससे मैं कहानी बुन सकूँगा। इतने में सीटी बजाती हुई ट्रेन प्लेटफ़ॉर्म पर आ जाती है। और कुली और यात्रियों की भगदड़ मच जाती है। जैसे-तैसे मैं ऊन पकड़कर ट्रेन में खिड़की वाली सीट पर अपना डेरा जमाता हूँ, सामने वाली सीट पर ज़कात आकर बैठ जाता है और बशीर बद्र की ‘मुसाफ़िर’ में चलना शुरू करता है। मैं भी डायरी और क़लम

लेकर अपना सफ़र चालू करता हूँ और उसके 'मुसाफ़िर' में हमसफ़र हो जाता हूँ।

सफ़र से याद आया सफ़रनामा साहिल और कुसुम का। सफ़र फ़ोन पर मैसेज के ज़माने में चिट्ठी का, और सफ़र अगले एक साल का। सफ़र कक्षा नौवीं से दसवीं तक का। थोड़ा अनोखा सफ़र, सफ़र बिना किसी नाम का। जैसे धूप के सफ़र में एक-दूसरे की पेड़ की छाया, जैसे पत्थर के रास्ते में पैरों के नीचे कमल का स्पर्श, जैसे तेज़ बारिश में छाते का साथ, हमेशा हाथों में हाथ। हाथों की लकीरें जुड़ती हुई नज़र आती हैं। लकीरों का सुलझा माँझा और माथे पर ऊँची-नीची होती रेखाएँ।

रेल की गोद में चाय की मीठी चाशनी जैसी नींद है। रेल की पटरी और चाय की टपरी आपको बैठे-बैठे लक्ष्य पर पहुँचा देती है। दोनों ग़रीब देश की रीढ़ की हड्डी हैं।

ज़कात बशीर बद्र की दुनिया में खोया हुआ था, और मैं कानों में तार लगाए गाने सुन रहा था।

'किसी लंबे सफ़र की रातों में,
तुझे अलाव-सा जलाता हूँ।
तू किसी रेल-सी गुज़रती है,
मैं किसी पुल-सा थरथराता हूँ।'

गाना मेरे कानों से रेल की तरह होते हुए दिल के किसी स्टेशन में जा रुका था। काफ़ी समय बाद मुझे पता चला कि यह गाना दुष्यंत कुमार की शायरी से निकलकर आया है। यह मैंने अक्सर होता हुआ पाया है। कितनी ही बार किसी आर्ट का जन्म कहाँ से हुआ था पता नहीं चलता या उसका आर्टिस्ट आपके सामने बैठा होता है आप कभी पता नहीं लगा पाते। गाना किसने गाया है यह हम सबको पता होता है, पर उसका म्यूज़िक, उसके बोल किसने दिए हैं, यह हमें ज्ञात नहीं रहता। फ़िल्म के अंदर की बनाई गई दुनिया के एक्टर्स कौन हैं हमें पता रहता है, पर असल दुनिया में कैमरे के पीछे सिनेमेटोग्राफ़र, निर्देशक कौन था हम में से अधिकतर लोग जानने का प्रयास भी नहीं करते। मुझे हमेशा से इस बात से चिढ़ रही है। हमारे हीरोज़, हम जो बड़े परदे पर देख रहे हैं वो ही क्यों होते हैं? जितना एक थिएटर नाटक में स्टेज पर खड़ा अभिनेता ज़रूरी है उतना ही उस नाटक का निर्देशक, साउंड्स, लाइट्स करने वाला भी ज़रूरी है, असल नाटक की बैकस्टेज रीढ़ की हड्डी है। पर जनता की सारी तालियाँ लूट के ले जाने वाला अभिनेता ही नाटक का मुख्य पात्र हो जाता है। मैं गाने सुनते-सुनते खिड़की से बाहर अँधेरे में खो गया था। फर्राटेदार हवा चेहरे

पर थपेड़े मारते हुए व बालों को उड़ाते हुए गुज़र रही थी। 'लिखना तो अभी संभव नहीं हो पाएगा', मैंने सोचा और डायरी बंद करके ज़कात की ओर मुख़ातिब हुआ, "ज़कात, भाई सुना दो कुछ शायरी-कविता वग़ैरह, बहुत समय हो गया आपके ख़यालात जाने। क्या चलता रहता है अंदर?"

"भाई, अब लफ़्ज़ मिलते कहाँ हैं! बहुत कुछ होता है बोलने को, पर पूरा सच कहाँ ही निकल पाता है! बस सब अंदर ही चल रहा होता है।" ज़कात ने अपनी नज़रें किताब में गड़ाए हुए ही कहा।

"अंदर क्या चल रहा है, यही बता दो?"

"अभी तो फ़िलहाल यह खिड़की के बाहर दौड़ती दुनिया ही चल रही है। असल में वो तो साकित है, ये हम हैं जो दौड़ रहे हैं। साकित तो वैसे हम भी हैं। यह ट्रेन दौड़ रही है। रुकी हुई दुनिया में जो दूर अँधेरे में एक बस्ती है उसके बाहर एक पीला बल्ब जलता हुआ दिख रहा है। थोड़ी देर दिखता है, पर फिर हम आगे बढ़ जाते हैं। थोड़ी देर में फिर एक वैसी ही बस्ती दिखती है। बस्ती में वैसा ही एक परिवार रहता होगा। बस्ती वही रहती है, लोग छूट जाते हैं।"

ज़कात सारी बात खिड़की से बाहर देखते हुए नम आँखों से कहता रहा। इतना बोलने के बाद वो सोने जा चुका था। उसकी बातें आजकल काफ़ी अजीब-सी लगने लगी थीं मुझे। काफ़्का के एब्सर्ड वर्ल्ड जैसी बातें। मैं उसके ख़यालात का हाथ थामे उसकी इस एब्सर्ड-सी दुनिया में कुछ सेंस ढूँढ़ने की कोशिश करता हूँ। डायरी और क़लम निकालता हूँ और खिड़की पर सर टिकाए अगली बस्ती और पीले बल्ब की प्रतीक्षा करता हूँ।

कुछ लोग कितनी भी कोशिश कर लें, छूट ही जाते हैं

कुछ चिराग़ों में, कितना ही तेल डाल लो बुझ ही जाते हैं

बिल्कुल वैसे ही जैसे चलती रेल से रात को दूर बस्ती से आती रौशनी को कितना ही नज़र में बसा लो, रौशनी छूट ही जाती है। कुछ नई रौशनी

नज़र में घर बनाती है, पर अंत में वो भी...

कुछ शब्द हमेशा कम पड़ते हैं। चाहे कितना बोल लो, लिख लो, पर दिल में जो होता है अशआर उन एहसासों को पूरा वैसा का वैसा बयाँ नहीं कर पाते। बतौर लेखक यह आपका काम होता है कि मुश्किल से मुश्किल एहसासों को लफ़्ज़ों में डाल के बयाँ किया जाए। पर कहीं-न-कहीं यह लेखक की नाकामी ही होती है कि पूरा-का-पूरा सच कभी बाहर नहीं आ पाता।

यह मैं अपनी डायरी में लिख, पन्ना फाड़ देता हूँ। काग़ज़ को फ़ोल्ड करके ज़कात के हाथों से किताब निकालकर उसके बुकमार्क की जगह रख देता हूँ।

उजाले अपनी यादों के हमारे साथ रहने दो
न जाने किस गली में ज़िंदगी की शाम हो जाए
~बशीर बद्र

क़रीब साढ़े पाँच बज चुके थे। मैं भी थोड़ी देर डायरी को सीने से लगाए आँखें बंद करके लेट गया था। हल्की बारिश शुरू हो रही थी। मुझे हमेशा से लगता था कि समय डोमिनो की तरह होता है। एक डोमिनो दूसरे पर गिरता है और ऐसे करते-करते जब तक आख़िर डोमिनो गिरता है, उसके बीच का सफ़र समय का बीतना है। एक के बाद एक। शून्य, अंक और आख़िर। पर ऐसा नहीं है, मेरे मायने में समय बारिश की तरह है। सारे पल एक साथ आपके ऊपर गिरते हैं। जब दुख होता है तो सिर्फ़ दुख की बूँदें आपके ऊपर नहीं गिरतीं। सुख और दुख की बारिश एक साथ गिरती है। समय लगातार बीतता, भागता चलता है।

सुबह नौ बजे के क़रीब आँख खुली तो ट्रेन चंडीगढ़ तक पहुँच चुकी थी। यूँ तो रात भर बीच में कई दफ़ा आँख खुली थी, पर चंडीगढ़ स्टेशन पर 'चाय, चाय गरम, गरम चाय' की आवाज़ ने ही होश थमाया था।

सामने सीट पर ज़कात नहीं था। मेरी नज़रें उसे खिड़की के बाहर ढूँढ़ने लगीं तो उसे चाय की टपरी पर पाया। मैं भी ट्रेन से उतरकर कटिंग चाय और कुछ ब्रेड के पकौड़े ख़रीद लाया। कुछ देर में ट्रेन चल दी। यह एक अच्छी सुबह की शुरुआत थी। ज़कात चाय के साथ अपनी किताब खोलकर बैठ गया। उसने बुकमार्क देखा फिर नज़रें उठाकर मेरी ओर देखा। उसकी आँखों में एक प्रश्नचिह्न था, पर उसने कुछ पूछा नहीं। पन्ने को खोलकर आगे-पीछे देखने लगा, फिर उसने पढ़ना चालू किया।

कुछ देर चुप रहने के बाद उसने मेरी ओर देखा और बोला, "अच्छा लिखा है।"

मैं उसको देख हल्का मुस्करा दिया था।

"कुछ ऐसा ही ख़याल दिल-ओ-दिमाग़ में नंगे पाँव चल रहा था। तुमने इसे शब्दों में ढाल के जूते पहना दिए। शुक्रिया! और यह लेखक की नाकामी नहीं, उसकी ईमानदारी है।"

ट्रेन चंडीगढ़ से रवाना हो चुकी थी। पठानकोट तक पहुँचने का रास्ता क़रीब साढ़े पाँच घंटे का है। धर्मशाला तक पहुँचने के लिए पठानकोट से दो-ढाई घंटे की बस। मैं अपनी डायरी खोल अपनी कहानी आगे बढ़ाने के लिए चलना शुरू करता हूँ।

आगे बढ़ते रहना एकमात्र उद्देश्य है। सफ़र के लिए सहयात्री ऐसे चुनने चाहिए जो सुख की लालटेन बनकर रास्ता दिखाएँ और दुख के अँधेरे में लाठी-सा सहारा दें।

साहिल और कुसुम का वक़्त एक-दूसरे के साथ आनंद में बीतता था। दोनों साथ रहने का एक मौक़ा, एक बहाना भी नहीं चूकते थे। दोनों एक-दूसरे की सुख के लालटेन और दुख की लाठी की तरह राह पा ही लेते थे। सुबह स्कूल आधे घंटे पहले आकर मैदान में घूमना। लंच ब्रेक में कॉरिडोर में एक ही खंभे के नीचे खड़े रहकर खाना खाना। स्कूल छूटने के बाद पार्क में से हाथ थामे, साथ बाहर तक जाना। इन सबके बीच में प्रमोद और राज के साथ साहिल कम समय बिताने लगा था। पार्क में भी उन दोनों की जगह अब कुसुम ने ले ली थी और इसकी शिकायत प्रमोद और राज को साहिल से रहने लगी थी।

क्यों किसी नए के आने से पुराने की क़ीमत कम हो जाती है? क्यों नए प्यार के मिलने पर, जिसके उम्र भर साथ रहने की गारंटी कोई नहीं ले सकता, हम मृत्यु तक साथ रहने वाले मित्रों को अपने से दूर करने में अंधे हो जाते हैं। ख़ैर, नई कच्ची उम्र की मुहब्बत का यही सिला होता है कि वो आपको ढंग से सही-ग़लत कुछ देखने नहीं देती।

साथ रहते दिन साल में बदल जाता है। इस साल साहिल के दसवीं बोर्ड के एग्ज़ाम होने थे और कुसुम अब नवीं कक्षा में आ चुकी थी। साहिल की क्लास का एक लड़का सक्षम इस साल फ़ेल हो गया था और नवीं कक्षा दोहरा रहा था कुसुम के साथ। दसवीं में आकर बड़ी कक्षाओं के अध्यापक बदल जाते हैं। अब साइंस फ़िज़िक्स, कैमिस्ट्री और बायोलॉजी में बँट जाती है, जिनके अध्यापक उतने ही डरावने होते हैं जितनी इन विषयों की पढ़ाई। साहिल अब गिटार काफ़ी अच्छे से बजा

लिया करता था। वो आजकल गाने लिखने और कंपोज़ करने की नई धुन लिए हुए था। कुसुम के लिए गाने लिखने और गाकर सुनाने में उसके दिन बहुत अच्छे बीत रहे थे।

इन्हीं दिनों में से एक दिन, साहिल और कुसुम लंच ब्रेक में कैंटीन जा रहे थे। साथ में प्रमोद और राज भी थे। कॉरिडोर से सीढ़ियों की तरफ़ कोने वाली नवीं कक्षा के कुछ छात्र ग्रुप बनाए खड़े थे जिनमें से एक सक्षम भी था। सक्षम को अपने एक साल पीछे रहने का ग़ुस्सा खाए जा रहा था, परंतु उससे ज़्यादा चुभन साहिल के एक साल आगे बढ़ जाने की थी। तभी पीछे से ग्रुप में से कोई एक लड़का चिल्लाया, 'मीठे' और पैर पर अड़ंगी देते हुए प्रमोद को नीचे गिरा दिया। जैसे ही साहिल ने पलटकर देखा, प्रमोद नीचे ज़मीन पर गिरा हुआ था और राज सक्षम का कॉलर पकड़े हुए था। साहिल भागकर प्रमोद को उठाता है। कॉरिडोर में खड़े सभी बच्चे हँस रहे होते हैं। राज सक्षम को झाड़ते हुए पूछता है, "पैर क्यों अड़ाया?"

"अरे मैं पेन के ढक्कन से फ़ुटबॉल खेल रहा था तभी प्रमोद आ गया। अरे भाई लगी तो नहीं?" सक्षम ने अपने को बेकसूर बताते हुए प्रमोद की तरफ़ देखते हुए कहा।

"अच्छा और यह 'मीठे' जैसे अपशब्द का उपयोग क्यों किया? यह सही बात नहीं है। मैं अभी प्रिंसिपल मैम से शिकायत करके आता हूँ।" राज ने ग़ुस्से में धमकाते हुए कहा।

"अरे राज भाई, ग़ुस्सा क्यों होते हो? मैंने तुम्हें कुछ बोला? तुम हो वैसे, जैसा मैंने बोला? नहीं न? तो फिर बुरा क्यों मानते हो? जाओ प्रमोद को मेडिकल रूम लेकर जाओ। आए बड़े हमारी कंप्लेंट करने वाले।" सक्षम ने अपने मित्रों से हाथ मिलाकर हँसते हुए कहा।

साहिल, राज और कुसुम प्रमोद को मेडिकल रूम लेकर जाते हैं। मैम प्रमोद के घुटने और कोहनी पर पट्टी कर देती हैं। पाँचवें पीरियड की घंटी बज जाती है। यह कैमिस्ट्री में रेखा मैम का पीरियड था। लंच ब्रेक

ख़त्म होने के दस मिनट बाद कक्षा में पहुँचने के कारण मैम तीनों को कक्षा के बाहर ही खड़ा रखती हैं। यह कुसुम का स्पोर्ट्स का पीरियड था, तो वह ग्राउंड में चली जाती है। तीनों ग़ुस्से में लाल कॉरिडोर में खड़े हुए थे। आते-जाते दूसरी कक्षाओं के छात्र तीनों की ओर देख मुस्कराते हुए निकल जाते।

"यह सक्षम ने अच्छा नहीं किया। एक साल हमारी कक्षा में साथ बैठकर अब फ़ेल होने पर जूनियर के साथ मिलकर यह बर्ताव।" साहिल कहता है।

"रेखा मैम भी! अगर सज़ा देनी ही थी तो मुझे और राज को दे देतीं। तुम्हारे घुटने से तो ख़ून बह रहा है।" साहिल ने प्रमोद की ओर इशारा करते हुए कहा।

"यह ग़लत है। हमें कंप्लेंट करनी चाहिए। हमारे साथ ग़लत हुआ। हमने गाली सुनी। हमारे मित्र को चोट आई। और पनिशमेंट भी हमें?" राज अपने दाँत रगड़ते हुए कहता है।

तीनों ग़ुस्से में लाल, कक्षा के बाहर से ही प्रिंसिपल रूम जाकर सक्षम और उसके दोस्तों के ख़िलाफ़ कंप्लेंट कर देते हैं। प्रिंसिपल मैम भी 'मैं देखती हूँ' कहकर तीनों को वापस कक्षा में जाकर बैठने को बोल देती हैं। इतने में ही छठे पीरियड की घंटी बज जाती है। तीनों कक्षा में जाकर बैठ जाते हैं। कक्षा के बाक़ी बच्चे भी तीनों का मज़ाक़ उड़ाते हैं।

साहिल का शरीर दसवीं कक्षा के बच्चों के मुक़ाबले काफ़ी दुबला-पतला है, तो उसे भी 'पेंसिल', 'डंडी', 'जेब में पाँच रुपए का सिक्का रखकर चला कर नहीं तो उड़ जाएगा' जैसे ताने अक्सर सुनने को मिलते थे। प्रमोद की भी अभी दसवीं कक्षा के लड़कों के हिसाब से चेहरे पर दाढ़ी नहीं आई थी तो 'मीठे', 'छक्के' जैसे अपशब्दों का सामना करना पड़ता था। राज क्योंकि दिल्ली का नहीं है बिहार से आया है और पढ़ाई में थोड़ा कमज़ोर है तो उसे 'OBC', 'अनपढ़' जैसी बातों को झेलना पड़ता था।

यही हमारे समाज की सच्चाई है। क्यों कुछ लोग दूसरों की कमियों का, ख़ामियों का मज़ाक़ उड़ाना सही समझते हैं? यूँ ही कुछ हँसी-ठहाकों के लिए कमज़ोर को बेइज़्ज़त करने में आनंद लेते हैं? इसमें साहिल की क्या ग़लती कि काफ़ी खाने-पीने, खेलने-कूदने के बाद भी वह पतला ही रहता है और वज़न नहीं बढ़ा पाता? इसमें प्रमोद की क्या ग़लती है कि उसके चेहरे पर दाढ़ी अभी तक नहीं आई? राज की क्या ग़लती है कि वो गाँव से आया है और अँग्रेज़ी में कमज़ोर होने का कारण मार्क्स नहीं ला पाता? क्यों लोगों को उनके नाम की जगह उनके रंग-रूप, रहन-सहन, जाति के आधार पर पहचान दे दी जाती है? इसमें बुली होने वाले लोगों की क्या ग़लती है?

तुम मोटे हो इसमें तुम्हारी कोई ग़लती नहीं। तुम पतले हो इसमें भी नहीं। तुम काले हो, गंजे हो, छोटे हो, ग़रीब हो इसमें तुम्हारी ग़लती नहीं। तुम्हारी पहचान को यह नाम देने वालों की ग़लती है। माफ़ करना मैंने इन शब्दों का इस्तेमाल किया, शायद इन लफ़्ज़ों में भी मेरी सोच की नहीं... मेरी क़लम की ग़लती है।

साहिल अपनी डायरी का आख़िरी पन्ना खोलता है और यह लिख डालता है। साहिल अब एक चीज़ समझ गया था कि वो हालात का लेखक है। वो जब लिखने बैठता है तब वो नहीं लिख पाता। उससे हालात और परिस्थिति लिखवाते हैं। पहली बार जब वो प्रेम की धूप में भीग रहा था तब उसने चाँद को साक्षी मान के लिखा था। दूसरी बार प्लास्टर हाथ से हटने के बाद आधा महसूस करते वक़्त पक्षी की उड़ान भरते हुए लिखा था। आज उसने बुली और अपमानित होने के बाद अपने और दुनिया में सभी बुली हुए लोगों के पक्ष में जंग घोषित कर लिखा है। वो हालात का लेखक है। यही सब लिखते-सोचते हुए कब सातवें पीरियड की घंटी बज गई उसे होश ही नहीं रहा। आठवाँ पीरियड स्पोर्ट्स का था। नवीं कक्षा के भी मैथ्स के सर नहीं आते थे तो उनका फ़्री पीरियड लग गया, जिसके

चलते कुसुम भी ग्राउंड में आ गई थी। उनका आज खेलने का मन नहीं था। उसकी क्लास के लड़के और नवीं कक्षा के लड़के टीम बाँटकर फ़ुटबॉल खेल रहे थे, जिसमें उनकी कक्षा के सक्षम और साहिल की कक्षा से हार्दिक जो कि अच्छे मित्र हैं, के बीच मैच लगा। साहिल, कुसुम, प्रमोद व राज जहाँ बैठे हुए थे जानकर गेंद का निशाना वहीं लगाया जा रहा था। लेकिन चारों चुप रहे और अपने में ही बातें करते रहे। स्कूल ख़त्म की घंटी बजती है। बच्चों की भीड़ कैंटीन और स्कूल के गेट के बाहर बढ़ती है। तीनों पार्क से होते हुए चुपचाप अपने घरों की ओर होते हैं। थोड़े नाराज़, थोड़े हताश 'ऐसा क्यों होता है?' की बाढ़ में डूबते हुए। 'जो होता है शायद अच्छे के लिए होता है' के तिनके का सहारा लिए।

'स्कूल के मैथ्स में ग़रीब पर जीवन के गणित के हिसाब-किताब में स्कूल के सिक्के अनमोल नज़र आते हैं जॉब के नोटों के सामने'

कहानी पर काम करते हुए कब पाँच घंटे बीत गए मुझे पता ही नहीं लगा। आधे समय ट्रेन से बाहर ताकते हुए और आधे समय साहिल की कहानी के इस भाग को लिखते हुए। वक़्त दूसरी ओर जाते पेड़, खेत, बस्ती, गाँव, नदी, नाले, ख़ाली मैदान, भरे लोग, से विपरीत दिशा में जाते हुए वक़्त की तरह बीत गया था। कुछ देर में रेल पठानकोट रेलवे

स्टेशन पहुँचने वाली थी। हमने अपना सामान बाँधा और हिमाचल के नए बादलों से मिलने की उत्सुकता, आँखों में भरी पड़ी आशा और चेहरे पर तैरती मुस्कान लिए पठानकोट स्टेशन पर उतरे। स्टेशन से बाहर निकल धर्मशाला की ओर चलने वाली बस में जाकर बैठ गए थे। अब था क़रीब नब्बे किलोमीटर का सफ़र जो कि ढाई घंटे लंबा था। हम दो सौ रुपए के दो टिकट लिए आराम से अपना सफ़र शुरू करते हैं। मैं, साहिल की आधी रुक गई कहानी के स्कूटर को धक्का लगाना चालू करता हूँ।

साहिल शाम को कमरे में बैठा यही सोचता रहा था कि आज स्कूल में ऐसा क्यों हुआ? कुछ देर दूसरों पर दोष डालकर कि वे अच्छे इंसान नहीं हैं, थोड़ी देर में साहिल ख़ुद पर भी संदेह करने लग गया कि वो ऐसा क्यों है? पतला? कमज़ोर? अपने ग़ुस्से की आग में तपकर अब फिर कभी किसी और के मुँह से अपने बारे में अपशब्द न सुनने की राख में और ख़ुद को बदलकर रख देने की भाप में, साहिल शाम को जाकर पास की ही गली में जिम की मेंबरशिप अपने नाम बनवा लेता है और प्रण करता है कि, 'ऐसी बॉडी बनाऊँगा कि आज के बाद कोई मुझे कमज़ोर नहीं कह पाएगा।' इतना ताक़तवर साहिल ने अपने को पहले कभी महसूस नहीं किया था। बस फ़र्क़ इतना था कि उस वक़्त उस उम्र में, साहिल को यह समझ नहीं थी कि ताक़तवर या कमज़ोर होने में केवल शरीर ही सब नहीं होता। कई बार ताक़त का काम अंजाम तक पहुँचना नहीं होता। वास्तव में, अंजाम तक पहुँचने के लिए पहला क़दम बढ़ाना ज़्यादा जटिल होता है। बॉडी बनाना तो सिर्फ़ ख़ुद को बदलने का उद्देश्य था। असली निर्णय ठान लेना था। जो व्यक्ति कुछ कर दिखाने का फ़ैसला कर लेता है वह अपनी मंज़िल तक पहुँच ही जाता है।

साहिल ने जिम जाने से पहले ही, मंज़िल पर पहुँचने से पहले ही, अपनी बढ़िया बनी हुई बॉडी की एक फ़ोटो खींच ली थी।

शाम को साहिल घर आकर काफ़ी सकारात्मक मानसिकता से अपनी

माँ से कहता है कि, “आज से मैं सिर्फ़ हेल्दी डाइट लूँगा।”

कल से नई शुरुआत के लिए साहिल उत्साहित होता ही है कि कुसुम का मैसेज आता है– ‘हाय साहिल, मैं कल स्कूल नहीं आ पाऊँगी। अचानक पंजाब जाना पड़ रहा है।’

‘क्या हुआ, सब ठीक तो है न कुसुम ?’ मैसेज करके साहिल चिंतित हो उठता है। कुसुम का कोई रिप्लाई नहीं आता। कुसुम के बिना किसी काम में मन न लगाने वाले साहिल का भी कल स्कूल नहीं जाने का इरादा बन जाता है। साहिल बिना प्रमोद और राज को ग्रुप पर मैसेज किए ही, रात को रोज़ की तरह ईयरफ़ोन लगाकर अपने मन-पसंद गाने चलाकर लेट जाता है।

जब आप कभी किसी सच्ची तरंग में होते हैं तो सारे तरन्नुम आपको उसी भाव के मिलते हैं। इस बेचैनी के भाव से लड़ते हुए साहिल के कानों में गाने भी उसी भाव के पड़ रहे थे। ऐसे वक़्त में हर गीत के बोल ऐसे हो जाते हैं जैसे आपके जीवन पर ही लिखे गए हों। म्यूज़िक आप कान से नहीं दिल से सुनते हैं। आप ख़ुद को किसी बहुत बड़े कंसर्ट के स्टेज पर लाकर खड़ा कर देते हैं और ख़ुद को वह गाना बजाते-गाते हुए देखने लगते हैं। कल्पना की ज़मीन, कल्पना का आसमान पाक सरज़मीन है। साहिल अपनी कल्पना को खुली आँखों से जीते हुए, न जाने कब आँखें मूँद सो जाता है। सुबह साहिल की माँ उसे सात बजे स्कूल के लिए उठाती हैं। साहिल तबीयत ख़राब का बहाना बना अपना स्कूल जाना टालता है। कुसुम के प्यार के मरीज़ साहिल की सुई अभी तक उसी घड़ी पर अटकी हुई थी जब कल कुसुम ने साहिल को मैसेज किया था। साहिल सोचने लगता है कि ऐसा क्या हुआ होगा जो अचानक कुसुम को पंजाब जाना पड़ गया। साहिल को बस इतना ही पता था कि कुसुम का बाक़ी परिवार उसके दादा-दादी, नाना-नानी सब पंजाब के रहने वाले हैं। पर साहिल का दिमाग़ इस वक़्त अनेक प्रश्नों से घिरा हुआ था।

‘कुसुम मुझे कभी कुछ ढंग से क्यों नहीं बताती! कितना समय हो गया हमें साथ रहते! डेढ़-दो साल हो गए हमें साथ, पर मैंने अभी कुसुम को जाना ही कितना है! कुसुम ने मुझे कितना ही बताया है अपने बारे में! अभी भी मैं कभी कुसुम की आँखों में देखता हूँ तो ऐसा लगता है जैसे आँखों की कोरों में गहरे काजल के नीचे कहीं उसने कितनी ही बातें छुपा रखी हैं! क्या वो मुझ पर इतना भी विश्वास नहीं करती!’ ये सारी बातें साहिल के ज़ेहन में लहरों की तरह ऊपर-नीचे हो रही थीं।

वहाँ प्रमोद और राज स्कूल पहुँच के यह सोच रहे होते हैं कि आज साहिल क्यों नहीं आया और हमें बताया क्यों नहीं? प्रमोद और राज थोड़े चिंतित होते हैं और चिंतित से ज़्यादा नाराज़। मायूसी वाला नाराज़ कम और ग़ुस्से वाला नाराज़ ज़्यादा।

मुझे भी साहिल के दिन लिखते हुए अपने स्कूल के दिन याद आते हैं। यूँ तो स्कूल में अपने दोस्तों के साथ छह घंटे काटना मुझे कभी कठिन कार्य नहीं लगा, परंतु वहीं जब किसी दिन आपका मित्र आपको बिना बताए छुट्टी कर ले तो एक-एक क्षण भी ऐसा बीतता है जैसे परीक्षा का दिन और मैथ्स का एग्ज़ाम हो। कितने भोले होते हैं स्कूल के दिनों के सिक्के, उनका मूल्य हम स्कूल से निकलने के बाद ही समझ पाते हैं। स्कूल के सिक्कों के सामने जॉब के नोटों का मैं कोई मोल नहीं समझता, शायद तभी मैं मैथ्स में कमज़ोर रहा हूँ, पर जीवन के गणित का हिसाब छोटी उम्र में ही सीख गया था। जीवन के गणित में इंसान कभी भी पैसों-रुपयों से अमीर नहीं हुआ।

बचपन में कभी भी या अब भी कभी जब मैं अपनी दादी से मिलने जाता हूँ तो घर वापस आते वक़्त वो हमेशा कुछ रुपए मेरी मुट्ठी में दबा दिया करती हैं। मेरे बहुत मना करने के नाटक में भी वो यही बोला करती हैं– ‘ये तो मेरा आशीर्वाद है, मेरा प्यार है। कितने ही रुपए हैं ये? कहाँ लेकर जाऊँगी? प्यार की क़ीमत होती है, पैसों की नहीं।’

मेरा मानना यह है कि इंसान कितना कमाता है उससे नहीं, कितना ख़र्चता है उससे उसकी अमीरी का पता लगता है। इस मायने में बाप दुनिया का सबसे अमीर आदमी है। रोज़ थोड़ा ख़ुद को ख़र्चता है अपने बच्चों की ख़ातिर। कमाई उसकी एक छोटी-सी मुस्कान है।

शाम हो चुकी थी। बाहर काफ़ी शांति थी और भीतर काफ़ी शोर। साहिल का मन छलाँगें मार रहा था– कुसुम का अचानक पंजाब जाना और वजह न बताना सोचकर। तभी फ़ोन की घंटी बजती है। 'ज़रूर कुसुम का मैसेज होगा', उसके मन ने उड़ान भरते हुए कहा।

लेकिन मैसेज प्रमोद का था– 'आज स्कूल आया क्यों नहीं? बता तो देता। कुसुम भी नहीं आई थी।'

प्यार में अपने दोस्तों को भूले साहिल ने होश पाते हुए सोचा– 'अरे मैं भूल कैसे गया?' मन ने पैर ज़मीन पर टिकाए और सोचा– 'भूल गया था बोलूँगा तो प्रमोद ग़ुस्सा हो जाएगा।'

'तबीयत ठीक नहीं थी। नींद देर से खुली।' साहिल ने रिप्लाई किया और माफ़ी माँगी। मन की ज़मीन अब सच की उपजाऊ भूमि न रहकर झूठ की बंजर मिट्टी हो गई थी।

'हाँ, हाँ, अब तेरी और कुसुम की तबीयत भी साथ ख़राब होने लगी।' प्रमोद ने बिगड़ते हुए मैसेज किया।

'तुझे क्या परवाह आज स्कूल में क्या हुआ था! तुझे क्या फ़र्क़ पड़ेगा इस बात से कि राज की सक्षम और नौवीं कक्षा के बच्चों से हाथापाई हो गई थी और पूरा स्कूल देख रहा था।'

मन की बंजर मिट्टी को ग्लानि के आँसू भी नहीं भिगो पाए। साहिल को बहुत बुरा लगा कि उसके न होते हुए राज और प्रमोद को स्कूल में इन सब दुविधाओं का सामना करना पड़ा।

'कुसुम के चक्कर में मैं अपने दो अज़ीज़ मित्रों को कैसे भूल सकता हूँ!' का पौधा बंजर ज़मीन में कहीं से उग आया। साहिल कुछ झूठी

सफ़ाई देने का प्रयास भी करता उससे पहले प्रमोद ऑफ़लाइन हो गया। साहिल फिर कुसुम के चक्कर में अपने पुराने दोस्तों को भूलने की भूल कर चुका था। अगले दो दिन शनि और रविवार स्कूल बंद रहता है और साहिल इस सोच में था कि क्यों स्कूल में उनके साथ ऐसा हो रहा है? क्यों उनको बुली किया जा रहा है? क्यों साहिल कुसुम के प्यार में इतना डूब चुका है कि चारों तरफ़ बस गहरा नीला समंदर है। कोई तिनका नहीं। कोई साहिल नहीं।

क्या मृत ज़िंदा है?

शाम के क़रीब छह बजे का समय था और मौसम काफ़ी रूमानियत लिए था। या यह कहिए कि रूमानियत पहाड़ों के क़रीब आने की ख़ुशबू में थी। मैं होटल से सटे एक ख़ाली शांत वरांडे में कुर्सी लगाकर लिखने बैठ गया था। दूर क्षितिज पर लाल आकाश में सूरज अपनी लालिमा लिए ढल रहा था और आकाश बिल्कुल साफ़, एकदम ख़ाली। दिल्ली के धुएँ, कबूतरों की जगह यहाँ के आकाश में नहीं थी। मेरे सिर के ठीक ऊपर कम रोशनी लिए वर्धमान चाँद इस आड़ में छुपा हुआ था कि 'कब सूरज क्षितिज के उस पार पर्वत के चरणों में उतरे और मैं अपना नूर धरती पर बिखेरूँ'। कुछ ही देर में अँधेरा हो चुका था और नूरानी चाँद पर्वत के शीर्ष पर शिव की जटाओं में सजा हुआ-सा लग रहा था। मैं कहानी पर काम करने बैठा था, पर कविताएँ मेरे सामने आ खड़ी हुई थीं। मैं यूँ ही कुछ समुद्र लिखने लगता हूँ। ज़कात, जहाँ हम ठहरे थे वहीं होटल की देखरेख करने वाले योगी जी के गोल्डन रिट्रीवर माइलव के साथ खेल रहा था और न जाने कौन-सी अपनी दुखद कहानियाँ सुना रहा था। माइलव ज़कात के दुख में बस उसके साथ खेलने का सुख ही समझ पा रहा था और पूँछ हिलाते हुए घास में से मिट्टी भी साफ़ कर दे रहा था।

शाम क़रीब आठ बजे मैं और ज़कात धर्मशाला में तिब्बतन लाइब्रेरी

के क़रीब द हाइडआउट कैफ़े में जाकर बैठ गए थे। ज़काात हमेशा की तरह शांत था और मेरे अंदर एक शोर था जो बाहर निकलना चाह रहा था। कोई बात छेड़ने के प्रयास में मैं नाकाम ही रहा। हम दोनों ने अपनी-अपनी कॉफ़ी ख़त्म की और एक कच्चे रास्ते से पैदल चलते हुए होटल जा पहुँचे। होटल जाकर हमने अपने कमरे की बालकनी में बैठे-बैठे खाना खाया और कुछ ग़ज़लें सुनीं।

मुझे तुम नज़र से गिरा तो रहे हो
मुझे तुम कभी भी भुला ना सकोगे

मेहदी हसन की यह ग़ज़ल सुनते हुए सामने पहाड़ पर छोटी-छोटी, जुगनू-सी जलती रोशनियों के बुझने तक वहीं हवा खाते रहे। कुछ देर में सब स्याह था, सिवाय ईद के जैसे चमकते चाँद के और होटल की सेवइयों जैसी झालर, दिवाली की लड़ियों के। सुबह जल्दी उठकर धर्मशाला घूमना है और फिर शाम मैक्लॉडगंज निकलना है, के सपनों में तैरकर मैं नींद में डूब गया था और ज़कात बाहर कुर्सी पर ही बैठा रहा।

अगले दिन आँख ठंडी हवा की आवाज़ से खुली। बालकनी का दरवाज़ा रात भर खुला रह गया था और लकड़ी का दरवाज़ा बार-बार दीवार से लग आवाज़ कर रहा था। बाहर रौशनी कम थी। अभी सूर्योदय नहीं हुआ था। मैंने फ़ोन में टाइम देखा तो चार बजकर तेरह मिनट हो रहे थे। पक्षी अभी अपने घरों से निकले नहीं थे तो काफ़ी शांति थी आकाश में। मैं उठकर बालकनी में पहुँचा और दरवाज़े के साथ एक कुर्सी सटा दी। मैं जो दिल्ली में रात चार बजे तक सोने का नाम नहीं लेता और दोपहर बारह बजे तक नहीं उठता था वो कल रात ग्यारह बजे सोकर सुबह चार बजे ही उठ गया था। यह शायद पहाड़ों का विनय अनुशासन था। दरअसल शहर में रहकर हम लोगों को रात में जागकर चाँद को सुनने की इतनी आदत

हो गई है कि हम 'सो कॉल्ड नाइट आउल' सुबह जल्दी उठकर सूरज से बातें करना ही भूल गए हैं। मुझे ख़ुद याद नहीं कब आख़िरी बार मैंने सूरज को उगते देखा था! कब मैंने अंदर से ख़ुद को ज़िंदा महसूस किया था! कब ख़ुद को साँस लेते हुए सुना था! साँस लेने की भी एक ध्वनि होती है। साँस लेते हुए हवा को अंदर जाते हुए भी सुना जा सकता है जो शहर में रहकर हम कभी सुन नहीं पाते।

आज मैंने सूरज को पहाड़ों की चोटियों से निकलते देखा। कितने ही विशाल ये पहाड़ सूरज के सामने हमेशा छोटे ही नज़र आते हैं। और सूरज भी पहाड़ों की महानता को जानता है जो हर शाम उनके चरणों में सोने चला आता है। आज मैंने पक्षियों को नींद से उठते हुए देखा, पंख फैलाए चोंच खोले उबासी लेते हुए अपने घरों से निकलते हुए देखा। अख़बार और दूध वालों को सुबह अपने-अपने कामों पर निकलते देखा। इनके काम करने की लगन में भी मुझे ख़ूबसूरती नज़र आई, ऐसी ख़ूबसूरती जो रोज़मर्रा की ज़िंदगी में भी हर पल घट रही होती है पर हम अंधे लोग इस ख़ूबसूरती को दो पल रुककर सराहना भी नहीं जानते। लेकिन यह रोज़मर्रा की ज़िंदगी नहीं थी, एक अलग एहसास था जैसा मैंने पिछले काफ़ी समय से महसूस नहीं किया था।

मैं छह बजे तक बालकनी में ही खड़ा, सब बाहर का ख़ाली अपने भीतर भरता रहा। एक कप कॉफ़ी पी, कुछ कसरत की, कुछ सुबह सुने जाने वाले गाने सुने जिन्हें सुने बिना हर सुबह अधूरी ही लगती है। इन सब प्रक्रियाओं के दौरान ज़कात यहाँ मौजूद नहीं था। वो सो रहा था। मैं जागा हुआ था और वो सो रहा था। मैंने काफ़ी समय बाद अपने अकेले होने का आनंद लिया। इस सुंदर सुबह को और सुंदर बनाया जाए, की इच्छा में मैं बालकनी के दरवाज़े से सटी कुर्सी उठाकर बाहर बालकनी में रखता हूँ और लैपटॉप निकाल कहानी आगे बढ़ाने लगता हूँ। पिछली बार कहानी को कहाँ छोड़ा था वो दुबारा पढ़ता ही हूँ कि ज़कात उठ जाता है। लगता

है कहानी अभी ख़ुद ही नहीं चाहती कि उसे आगे लिखा जाए। हम दोनों होटल के कैंटीन कैफ़े में पहुँचते हैं। और सुबह के नाश्ते के साथ आज के दिन कहाँ-कहाँ घूमा जा सकता है इसका एक प्लान तैयार कर लेते हैं।

आठ बजे तक तैयार होकर हम होटल से पैदल निकलकर पास ही एक छोटी-सी चढ़ाई से होते हुए एक टी गार्डन पहुँचते हैं। चाय की पत्तियों की ख़ुशबू अंदर तक समा जाती है। मैं अपने बैग से डायरी निकालकर सामने के दृश्य को चित्र में उतारने का प्रयास करता हूँ। मेरी कलाकारी इतनी ऊँची नहीं कि मैं इस जगह की सुंदरता अपने चित्र में हूबहू उतार सकूँ पर इतनी है कि एवरी ब्रिलियंट थिंग (Every Brilliant Thing) नाम की अपनी इस डायरी में इसको जगह दे सकूँ। बाज़ू की टपरी से एक चाय का लुत्फ़ उठाते हुए ऐसा महसूस होता है जैसे इन चाय की पत्तियों को अभी पीसकर मसाला बनाया गया हो। टी गार्डन से हम ऑटो रिक्शा लेकर धर्मशाला क्रिकेट स्टेडियम पहुँचते हैं। साढ़े नौ बज रहे थे। स्टेडियम टूरिस्ट के लिए अभी खुला ही था। केवल बीस रुपए के एक टिकट में हम अंदर गए। यूँ तो मैं टीवी पर मैच देखते वक़्त कई बार देख चुका हूँ, पर असल में मैंने पहली बार कोई क्रिकेट स्टेडियम देखा था। अपनी पूरी विशालता लिए यह स्टेडियम, पीछे बर्फ़ीले विशाल पहाड़... मैंने अपनी इन छोटी आँखों से अपने छोटे से दिल में इस विशालता को उतारा। दस, साढ़े दस तक चुभती गर्मी लिए सूरज हमारे सिर पर था। स्टेडियम से बाहर निकल हमने शिकंजी पी और ऑटो पकड़ अपने होटल की ओर हो लिए। क़रीब साढ़े ग्यारह तक चेकआउट करवाकर हम मैक्लॉडगंज तक की एक कैब बुक करते हैं और यात्रा के दूसरे पड़ाव की ओर कूच करते हैं। नए बादलों की ओर।

धर्मशाला से मैक्लॉडगंज का रास्ता क़रीब दस किलोमीटर का है जो हमने एक घंटे में तय किया। दोपहर एक बजे का समय था। हमने होटल में चेक-इन किया। होटल बेहद सुंदर जगह पर स्थित था। बालकनी से

नीचे की ओर खाई थी और एक छोटी नदी बह रही थी। नदी का पानी इतना साफ़ था मानो पानी के नीचे सीधे गोल आकार वाले रंग-बिरंगे पत्थर और हवा हो बस और बालकनी से ठीक सामने विशाल पर्वत। इस दृश्य में मैं भूल गया था कि मैं यात्रा पर एक यात्री हूँ। सब ऐसा लग रहा था जैसे मेरे घर का ही हिस्सा हो। नदी जैसे कार्पेट और पहाड़ परदे हों। दोपहर खाना खा लेने और थोड़ा आराम करने के बाद मैं और ज़कात मैक्लॉडगंज की गलियों में पैदल निकल गए थे। होटल के क़रीब ही चलते हुए हम एक मार्केट पहुँचे जहाँ से हमने कुछ छोटी-मोटी ख़रीदारी की। मार्केट से थोड़ा आगे चलते हुए एक छोटा ट्रैक आया जो बिल्कुल पहाड़ों की गोद में होना महसूस करवा रहा था। ट्रैक चढ़ते ही ऊपर भगसूनाग वॉटरफ़ाल आया। पानी बेहद साफ़ और ठंडा था जिसमें लोग डुबकी लगाए हुए थे। पास ही में एक अड्डा था जहाँ से हमने मैगी और चाय का लुत्फ़ उठाया।

वापस नीचे उतरते वक़्त अँधेरा हो चला था। पहाड़ों पर छोटी-छोटी जगमग रौशनियाँ रात में पहाड़ों की शोभा और अधिक कर रही थीं। लोग इन जुगनू-से जगमगाते पहाड़ों की तस्वीर लेने में व्यस्त थे। सब इतना व्यस्ततापूर्ण था कि कोई एक पल रुककर, ठहरकर, असल में इस ख़ूबसूरती को नहीं जी रहा था।

आज के दौर में हम प्राकृतिक सुंदरताएँ केवल अपने-अपने मोबाइल फ़ोन में क़ैद करने में लगे रहते हैं, कभी रुककर आँखों में बसा लेने का, ज़ेहन में उतार लेने का, रुककर एक गहरी साँस में सब ख़यालात, ख़ूबसूरतियाँ, ख़ामोशियाँ अंदर भर लेने का ख़याल भी नहीं होता।

जब तक फ़ोन में पहाड़ की फ़ोटो है तब तक पहाड़ साकित है, जब तक वृक्ष की फ़ोटो मोबाइल में है वृक्ष हरा है, पर जब तक मृत की फ़ोटो घर में है क्या मृत ज़िंदा है?

रात होटल वापस पहुँचते हुए ठंड बढ़ चुकी थी। बाहर छोटे-से वरांडे में होटल की देखरेख करने वाले नरेंद्र जी कुछ लकड़ियाँ लगाए आग ताप

रहे थे। मैं और ज़कात, हम दोनों खाना और गिटार लिए वही आग के पास जा बैठे। खाना खा लेने के बाद हमने गिटार पर कुछ गाने गुनगुनाए और ज़कात ने अपनी कुछ नई लिखी शायरियाँ पढ़कर सुनाईं।

आफ़ताब तो साहिल में डुबकी लगाकर बुझ गया
राहगीरों को राह दिखाने में हम जुगनू मसरूफ़ रहे

कोई रक़ीब उसे बिना चाहे भी पा गया
हम चाह के भी ज़कात उसे उसकी आरज़ू में मसरूफ़ रहे

उम्र गुज़ार दी उसने बेवफ़ा सनम की बाँहों में
हम दहर-ए-अदवत को दहर-ए-रक़बत बनाने में मसरूफ़ रहे

क़ुर्बत से सुनिए क़िस्सा उनकी बेदिली और हमारी दिलकशी का
वो हमें भूल जाने में मसरूफ़ रहे और हम उन्हें याद रखने में मसरूफ़ रहे

"वाह! वाह! तुम तो काफ़ी अच्छी शायरी करने लगे हो ज़कात। मेरी इच्छा है कि एक दिन तुम अपनी ख़ुद की शायरी या कविता-संग्रह छपवाओ। तुम्हारे लफ़्ज़।" मैंने काफ़ी उत्साह के साथ कहा।

"ये आजकल के बच्चे कच्ची उम्र में प्यार और शेर-ओ-शायरी में लग जाते हैं। यह नहीं कि कुछ ढंग का काम करें, अपने माँ-बाप का नाम रौशन करें।" नरेंद्र जी ने कटाक्ष में होंठ भींचकर बोला और बोलने के बाद ऐसे बर्ताव किया जैसे सब कुछ बोल देने के बाद कुछ बोले ही न हों।

"क्या हुआ अंकल, कुछ परेशानी है क्या?" मैंने पूछा।

"परेशानी? मुझे क्या परेशानी होगी!" नरेंद्र जी ने बिना हमारी ओर

देखते हुए बोला।

“छोड़ न भाई, जाने दे।” ज़कात ने कहा।

“नहीं ज़कात। इन्होंने तुम्हारी शायरी के बारे में कुछ ग़लत बोला।” मैं बोल ही रहा था कि इतने में नरेंद्र जी ने बीच में टोकते हुए कहा, “ज़कात, मुसलमान नाम सुनाई पड़ता है। कौन-सी जाति के हो? उपनाम क्या है तुम्हारा?”

नरेंद्र जी के मुँह से ऐसी बात सुनते ही मैं और ज़कात दोनों हक्के-बक्के रह गए थे। आज के समय में ऐसी सोच रखने वाले लोग भी ज़िंदा हैं! यह बात सुनते ही अभी तक बुज़ुर्ग दिखने वाले नरेंद्र जी ने अपने नाम के आगे से 'जी' की उपाधि खो दी थी। आज के समय में जाति, ऊँची-नीची पूछने वाले की बस सोच ही नीची नज़र आती है। मैं यह बात सुनकर ग़ुस्से से लाल हो गया था। मैं जवाब देने को ही था कि इतने में ज़कात की आवाज़ आई, “जी अंकल, बिल्कुल सही पहचाना आपने। मैं सब से निचली जाति का हूँ। शायर हूँ। बाक़ी अंकल धर्म में क्या रखा है। मुझसे मेरा नाम न पूछना, मेरी जाति प्यार है।

“दिवाली पर पूजा भी करता हूँ
ईद पर चाँद भी ताकता हूँ
क्रिसमस पर कैंडल भी जलाता हूँ
नानक के सामने सिर भी झुकाता हूँ
मुझसे मेरी ख़ुशी मत पूछना, मेरा त्योहार प्यार है
मुझसे मेरा नाम मत पूछना, मेरी जात प्यार है”

यह सब ज़कात ने काफ़ी शांति और आसानी से बोल दिया। बोलते वक़्त ज़कात की आँखें नम थीं, पर होंठों पर एक अजीब-सी मुस्कान थी।

“बाक़ी अंकल, हाँ उपनाम मेरा आज़ाद है। मैं आज़ाद हूँ। ज़कात आज़ाद। हिंदू-मुसलमान बाद में, इंसान पहले हूँ।” ज़कात ने कहा।

ज़कात के मुँह से यह सब सुनकर मेरा ग़ुस्सा कहीं आसमान में ही उड़ गया। मुझे ज़कात पर बेहद गर्व हुआ। इसके बाद नरेंद्र भी कुछ बड़बड़ाते हुए अंदर होटल में चले गए।

यूँ ही मौसम की अदा देखकर याद आया है
किस क़दर जल्द बदल जाते हैं इंसाँ जानाँ
हम कि रूठी हुई रुत को भी मना लेते थे
हमने देखा ही न था मौसम-ए-हिज्राँ जानाँ
~अहमद फ़राज़

साहिल ने प्रमोद और राज को नहीं बताया था कि वो स्कूल नहीं आएगा, इस बात से वो ख़ुद से निराश था। कुसुम का भी अचानक पंजाब चले जाना उसे बहुत खटक रहा था। उसे ख़ुद पर ग़ुस्सा यूँ भी आ रहा था कि वो फ़िल्मों और टीवी शोज़ में दिखाए गए उसी किरदार की तरह बनता जा रहा था, जो अव्वल-अव्वल की मुहब्बत के नशे में झूमने के बाद अपने दोस्तों को भूल जाता है। ग़ुस्से का थोड़ा सही इस्तेमाल करने के लिए साहिल आज पहली बार जिम जाता है। लाउड म्यूज़िक और डंबल-बारबल की आवाज़ के बीच बड़ी क़द-काठी वाले, उसकी उम्र से बड़े लोग वर्कआउट करते हुए दिख रहे थे। इन सबके बीच साहिल सबसे छोटी उम्र का एक दुबला-पतला लड़का भी डरते-झेंपते शामिल हो गया। पहले दिन उसने एक ट्रेनर को अपना दोस्त बनाया जिसके साथ उसने थोड़ा हल्का वर्कआउट किया। थका-हारा घर पहुँचकर दूध-केले लिए। अब उसका मन पहले से थोड़ा शांत था। अगले दो दिन शनि और रविवार को उसने प्रमोद, राज व कुसुम को कई मैसेज व कॉल किए पर हर तरफ़ से उसे नाराज़गी ही मिली। दो दिन बदन में दर्द के कारण जिम भी स्थगित ही रहा।

सोमवार को साहिल सुबह स्कूल पहुँचता है। राज और प्रमोद से सुलह करता है और आगे से फिर ऐसा नहीं करेगा का एक वादा भी। ज़ीरो पीरियड की घंटी बजने तक कॉरिडोर में खड़ा रहा साहिल। उसकी आँखें कुसुम की ही प्रतीक्षा कर रही थीं। कुसुम आज नहीं आई थी। जैसे-तैसे

रेंगते हुए चार पीरियड कटते हैं और लंच ब्रेक होता है। साहिल, प्रमोद और राज आज काफ़ी समय बाद साथ बैठकर खाना खाते हैं। अजीब बेचैनी थी, दोस्तों के साथ बहुत समय बाद आनंद उठाते हुए ख़ुशी भी हो रही थी परंतु कुसुम के ना होने का दुख भी छाया हुआ था। जल्दी से खाना ख़त्म कर वो तीनों कैंटीन की ओर बढ़ते हैं। सीढ़ियों के सामने सक्षम और कुछ अन्य लड़कों का ग्रुप खड़ा होता है। तीनों उनकी तरफ़ ध्यान ना देते हुए नीचे की ओर जा रहे होते हैं कि उन लड़कों में से एक जिसका नाम कुणाल है, वो तेज़ आवाज़ में साहिल को ललकारता है।

"कुसुम से दूर हो जा। मुझे वो पसंद है और वो भी मुझे पसंद करने लगी है।" कुणाल बोलता है।

तीनों अपनी जगह थम जाते हैं। साहिल पीछे मुड़कर देखता है और ग़ुस्से से अपनी आँखें बड़ी कर लेता है। प्रमोद और राज साहिल को इन बेकार की बातों पर ध्यान न देने को कहते हैं और नीचे की ओर चलने लगते हैं। साहिल ख़ुद को थोड़ा शांत करके आगे बढ़ता है कि पीछे से फिर आवाज़ आती है।

"वो पंजाब अपने नाना-नानी के घर गई है, उसके माता-पिता के बीच कुछ झगड़ा हुआ है।"

यह सुनकर साहिल हक्का-बक्का रह गया था। दिल के नाज़ुक, ताश के पत्तों-से घर पर जैसे कोई अपने शब्द रूपी पत्थर फेंककर मार दे। इसके बाद सब धुँधला हो गया। सारे बच्चे एक-से काले मास्क चेहरे पर लगाकर उसकी तरफ़ उँगली कर हँसने लगते हैं। कैंटीन तक पहुँचते-पहुँचते बहुत-सी आवाज़ें एक साथ साहिल के कानों में आ-आकर पड़ती रहती हैं। ख़ुद के अंदर के प्रश्न का शोर बाहर की आवाज़ों को और बढ़ा देता है। इतने में घंटी की आवाज़ सुनाई पड़ती है। हिंदी का पीरियड। साहिल से बैठा नहीं जाता, बेचैनी में हाथ-पैर काँपने लगते हैं। माथे पर पसीने की बूँदें उभर आती हैं। बाक़ी के बचे चार पीरियड काटने मुश्किल

हो जाते हैं। जैसे-तैसे आख़िरी घंटी बजती है। साहिल प्रमोद और राज से पहले तेज़ क़दमों में चलता स्कूल से बाहर निकलता है। निकलते ही सक्षम और कुणाल उसे पकड़ लेते हैं।

"भाई देख, हमें तुझसे कोई दिक़्क़त नहीं है। तू बस कुसुम से बात करना बंद कर दे। मुझे वो पसंद है, और वो भी मुझे पसंद करती है।" कुणाल ने साहिल के बहुत क़रीब आकर बोला।

साहिल ख़ुद पर थोड़ा क़ाबू पाता है। पहले थोड़ा हिचकिचाता है, पर फिर हिम्मत करके शांत स्वर में बोलता है, "मैं कुसुम को बहुत अच्छे से जानता हूँ। हम दो साल से साथ हैं। वो ऐसी लड़की नहीं है और तुझ जैसे लड़के से तो वो कभी प्यार नहीं करेगी।"

इतने में पीछे से प्रमोद और राज भी आ गए थे।

"क्या हुआ साहिल?" दोनों एक साथ बोलते हैं।

"कुछ नहीं हुआ। चलो इन लोगों के मुँह लगने का कोई फ़ायदा नहीं।" साहिल हवा में बोलता है।

"और हाँ, हम लोगों को भी तंग करना बंद कर दो वरना ठीक नहीं होगा।" कुणाल और सक्षम की ओर देखकर साहिल बोलता है। तीनों बाहर गेट तक साथ पैदल चलना शुरू करते हैं।

प्रमोद ने कहा, "क्या हुआ साहिल? क्या बोल रहा था वो?"

"कुछ नहीं भाई यूँ ही बकवास कर रहा था, कुसुम के बारे में। मैंने भी जवाब दे दिया। तुम जितना दबते हो लोग उतना दबाते हैं, कुछ लोगों को मज़ा आता है दूसरों को नीचे गिराने और छोटा महसूस करवाने में। मैंने अब से निर्णय लिया है मैं चुप नहीं बैठूँगा, किसी से भी डरूँगा नहीं।" साहिल पूरे आत्मविश्वास से, लड़ने की भावना से बोलता है।

तीनों अपने-अपने घर की तरफ़ निकलते हैं। शाम साहिल जिम जाता है, दिन में सब कुछ बीते हुए के ग़ुस्से को वर्कआउट में निकालता है। अगले दिन कुसुम स्कूल आती है। साहिल कुसुम की कक्षा शुरू होने से

पहले उससे बात करने जाता है, पर कुसुम अपनी क्लास में ही रहती है। लंच ब्रेक की घंटी पर साहिल कॉरिडोर में खड़ा प्रतीक्षा करता रहता है, पर कुसुम बाहर नहीं आती। प्रमोद और राज भी साहिल के साथ ही खड़े होते हैं कि इतने में ही कुणाल आता है और साहिल का मज़ाक़ उड़ाते हुए बोलता है, "कुसुम सुबह से रो रही है। किसी से बात नहीं कर रही। शायद उसके माँ-बाप अलग रहने लगे हैं। वो तुमसे भी बात नहीं करना चाहती और वो मुझे पसंद करने लगी है। तुम चाहो तो उससे पूछ लेना।" इतना कहकर कुणाल कक्षा में लौट जाता है।

साहिल अपनी ही जगह पर स्तब्ध-सा खड़ा रह जाता है, पाँव मानो धरती से जम गए हों। आस-पास से सारे विद्यार्थी ग़ायब हो जाते हैं और बर्फ़ गिरने लगती है, दूर कहीं क्षितिज से वायलिन की अवसादग्रस्त धुन से भरी आवाज़ कानों में आकर गूँजने लगती है, फिर प्रमोद की आवाज़, राज की, कुणाल, सक्षम सबकी आवाज़ें जुड़ती चली जाती हैं। इस सारे शोर में घंटी बजती है, पाँचवें पीरियड की घंटी। फिर इन सब में कुसुम की आवाज़ कहीं ऊपर आकाश से जुड़ जाती है। बाक़ी आवाज़ें धीरे-धीरे ग़ायब होती हैं। कुसुम नम आँखें लिए सामने खड़ी होती है। बाक़ी विद्यार्थियों की भीड़ कक्षा की तरफ़ उमड़ती है। कॉरिडोर में बस साहिल और कुसुम हैं।

"क्या यह सब सच है कुसुम?" साहिल पूछता है।

कुसुम किसी मूर्ति-सी स्तब्ध, अवाक् खड़ी रहती है। साहिल से बिना आँखें मिलाए पूछती है, "तुम्हारे लिए सच की क्या परिभाषा है? हर एक के लिए सच अलग होता है। जो मेरे लिए सच है वो तुम्हारे लिए झूठ भी तो हो सकता है।"

"बातें मत घुमाओ कुसुम, तुम यह बताओ कि बाक़ी सब क्या कह रहे हैं? क्या वो सब सच है?"

"तुम्हें बाक़ी लोग क्या कह रहे हैं, इससे इतना फ़र्क़ क्यों पड़ता है?

क्या तुम्हें मुझ पर भरोसा नहीं ?"

"फिर तुम मुझे कुछ बताती क्यों नहीं हो ? बात क्यों नहीं करती हो ? मुझे क्यों नहीं पता था कि तुम पंजाब अचानक चली गई हो ? क्यों मुझसे पहले इस कुणाल को पता था ?"

"कैसे बताती तुम्हें साहिल ? सब इतनी तेज़ी से हो रहा था। डर रही थी मैं। हिम्मत नहीं हो रही थी मेरी। जहाँ मेरे पेरेंट्स आपस में बीस साल साथ होने के बावजूद अलग हो सकते हैं, क्या भरोसा है हम भी हमेशा साथ रहेंगे, आख़िर तक ? आख़िर क्या है साहिल ? अगर हम अभी अलग हो जाएँगे तो वो आख़िर नहीं हुआ हमारे प्यार का ? और प्यार ? प्यार तो शायद था ही नहीं कभी, सिर्फ़ अटैचमेंट था शायद !" यह बोलते-बोलते कुसुम रो पड़ती है। मानो कहीं बरसों से रोके हुए आँसुओं की नदी आँखों से झरने की तरफ़ बहने लगे और पूरा समंदर बिना साहिल के निरंतर बढ़ता चले।

साहिल कुसुम को देखकर अचानक घबरा गया। इतने में छठे पीरियड की घंटी बज जाती है। कुणाल तथा नवीं कक्षा के अन्य बच्चे निकलकर सामने से होते हुए स्पोर्ट्स ग्राउंड की तरफ़ बढ़ते हैं। बाहर से देखने में सब ऐसा लगता है मानो किसी नाटक की रिहर्सल चल रही हो और हीरोइन हीरो से बिछड़ने वाली हो। साहिल जेब से रुमाल निकालकर कुसुम को देता है। कुसुम ख़ुद को थोड़ा सँभालती है। और इतने में सारी ऑडियंस नाटक के ख़त्म होने के बाद ताली बजाती हुई अपनी असली दुनिया में फिर से अपने कार्यों में लग जाती है। साहिल ख़ुद को कोसता है कि कल तक वह कुसुम पर इतना भरोसा करता था, इतना प्यार करता था उसे आज क्या हो गया ? कुसुम से चार दिन बाद मिलने पर भी उस से इतना तक नहीं पूछा कि तुम कैसी हो, घर में सब कैसा है, तुम कहाँ थी ?

लेकिन कुसुम ने ये कैसे कह दिया कि पहले भी प्यार नहीं था, शायद कुछ पल का लगाव था ? अभी तक कुसुम के साथ भविष्य के सपने का

शीशा चमकाने वाले साहिल का दिल टूटकर पाश-पाश हो जाता है।

"अटैचमेंट? यह नाम दे रही हो कुसुम तुम हमारे दो साल के रिश्ते को? अभी तक सब ढोंग था?" साहिल पूछता है।

"प्यार कितना छोटा शब्द है न साहिल? पर इसके मायने कितने बड़े? इस तीन अक्षर के शब्द पर ही पूरी दुनिया टिकी हुई है शायद। पर आजकल लोगों ने इसे कितना टुच्चा शब्द बना दिया है। दो साल के समय का प्यार से कोई लेना-देना नहीं होता साहिल, मेरे पेरेंट्स बीस साल से साथ हैं और उन्हें अब पता चल रहा है कि वो कभी आपस में प्यार करते ही नहीं थे, या शायद इतना प्यार करते थे कि अब सारा प्यार ख़त्म हो गया है और सिर्फ़ नफ़रत बची है।"

"तुम मुझसे प्यार नहीं करती तो क्या फिर कुणाल से... ?" इस वक़्त साहिल को अपने सिवा कुछ और नहीं सूझता।

इतने में सातवें पीरियड की घंटी बजती है। दो पीरियड बीत गए पर कुसुम के लिए जैसे अभी दो मिनट ही हुए हों और साहिल के लिए दो साल। क्योंकि साहिल की सुई सच में अभी भी दो साल पर ही अटकी हुई थी।

आप जिस व्यक्ति से बेपनाह मुहब्बत करते हों उसके साथ एक लम्हा भी आपको एक सदी जितना लंबा ख़ुशनुमा लगता है। फिर ये तो साहिल की स्कूल के दिनों में हुई पहली मुहब्बत थी। सारे दर्शक फिर से ऑडिटोरियम में आ खड़े होते हैं। इस बार दर्शक भी नाटक का ही हिस्सा हैं। साहिल कुसुम को कुणाल की तरफ़ खड़ा करता है और फ़ोर्थ वॉल ब्रेक करता हुआ अपना आख़िरी डायलॉग फिर दोहराता है।

"तुम मुझसे प्यार नहीं करती तो क्या फिर कुणाल से... ?"

अचानक कुसुम के ऊपर स्पॉट लाइट पड़ती है और बाक़ी सब ओर अँधेरा। वॉइस ओवर की तरह बाईं विंग से आवाज़ आती है जबकि साहिल भी स्टेज पर ही खड़ा है।

"बोलो कुसुम मुझसे या कुणाल से... ?"

कुसुम शायद अपना डायलॉग भूल चुकी है।

"क्या तुम अब कुणाल को पसंद करने लगी हो? हाँ या ना?"

कुसुम को शायद डायलॉग याद है, पर जवाब न देना नाटक का ही हिस्सा है।

"कुसुम, हाँ या ना?"

बाईं विंग की लाइट भी ऑन हो जाती है। साहिल स्टेज पर ही था बस दिख नहीं रहा था। कुणाल की पीठ दर्शकों की ओर थी, कुसुम के कुछ न बोलने पर उसे पता नहीं था अब क्या करना है। पर साहिल को कुसुम के कुछ न बोलने का अर्थ अच्छे से पता था। इस हिसाब से सच्चे कलाकार की तरह साहिल अपना अभिनय चालू रखता है और उसकी आँखों से आँसू छलक पड़ते हैं। इतने में भीड़ को साइड करता हुआ एक दर्शक आगे बढ़ता है। ये दसवीं कक्षा के सातवें पीरियड के मैथ्स के अध्यापक हैं जो नाटक बीच में रुकवा देते हैं। वैसे भी शायद अब नाटक ख़त्म होने को ही आया था, बस सारे कलाकारों को एग्जिट ही लेनी थी। अग्रवाल सर ऑडियंस को भी अपनी-अपनी कक्षाओं में जाने को बोलते हैं। ऑडियंस भी ऑडियंस की तरह बिना ताली बजाए चली जाती है। पर कहानी अभी भी चल रही होती है क्योंकि पर्दा गिरने के बाद भी कहानी तो चल ही रही होती है। मैथ्स के अध्यापक को पता लगता है कि साहिल पिछले दो पीरियड में भी उपस्थित नहीं था। सर उसे इस पीरियड में भी बाहर कॉरिडोर में हाथ उठाकर खड़े रहने को बोलते हैं। साहिल में अभी कुछ भी सोचने-समझने की क्षमता नहीं बची थी। बीते दिनों की यादें किसी पुरानी मूवी रील की तरह रिवाइंड में आने लगती हैं। पहली बार, पहली बार जब उसने कुसुम को देखा था, पहली बार जब बात की थी, पहली बार जब उसी कॉरिडोर में उसी खंभे के नीचे साथ खाना खाया था। पहली बार साथ हँसना साथ रोना।

आठवें पीरियड की घंटी बजती है, यह पीरियड स्पोर्ट्स का है। प्रमोद और राज साहिल को ग्राउंड तक लेकर जाते हैं और अपनी तरफ़ से सांत्वना देते हैं और समझाते हैं।

"भाई अब उदास मत हो। छोड़। मुझे वो वैसे भी पहले से ही पसंद नहीं थी। हमें भी दूर कर रही थी। वो तो तू उसके साथ इतना ख़ुश रहता था कि हमने तुझे कभी कुछ बोला नहीं।" प्रमोद बोलता है और राज उसकी हाँ में हाँ मिलाता है।

साहिल अभी कुछ भी नहीं सुनना चाहता था। कितनी आसानी से प्रमोद ने कह दिया कि 'छोड़'। पर ऐसे कैसे छोड़ सकते हैं! काँच के माँझे जैसे पतले, पर मज़बूत रिश्ते को भी यूँ ही छोड़ देने पर कभी-कभी हाथ कट जाता है और निशान लंबे समय तक रहता है। ये तो फिर भी बात दिल की थी।

आख़िरी पीरियड की घंटी बजती है, साहिल अपना बस्ता उठाकर सिर झुकाए, तेज़ क़दमों से स्कूल से बाहर निकलता है। बाहर उसे कुणाल और सक्षम मिलते हैं और उसका मज़ाक़ बनाने लगते हैं, मानो उनका काम पूरा हो गया हो। काम– बस साहिल और कुसुम में दरार डाल देना था। साहिल उनके मुँह न लगते हुए आगे निकल ही रहा होता है कि पीछे से सक्षम कंधे पर हाथ रखकर उसे रोक लेता है। इतने में पीछे से भागते हुए प्रमोद और राज भी आ जाते हैं। गरमा-गरमी में पाँचों के बीच हाथापाई हो जाती है। यह सब हो ही रहा होता है कि कुसुम स्कूल से बाहर आती है और साहिल रुक जाता है। इतने में ही 'चटाक!' की एक आवाज़ आती है और सारा कुछ चलता हुआ वहीं रुक जाता है। ये साहिल था– कुणाल के गाल पर साहिल एक चाँटा धर देता है। सब रुका हुआ वैसे ही चलने लगता है जैसे पहले चल रहा था। साहिल, प्रमोद और राज तीनों बाहर तक चलने लगते हैं। अब साहिल का मन थोड़ा शांत था और मुँह पर अजीब-सी एक मुस्कराहट थी। जैसे हमेशा से गूँगी रही चिड़िया को आवाज़ मिल

गई हो। जैसे कटे पंख की चील खुली, आज़ाद उड़ पा रही हो। साहिल को घर पहुँचकर बड़ी गहरी नींद आती है।

देर शाम को साहिल उठता है। जिम जाने के लिए अब देर हो चुकी थी। कुसुम ने जो भी उसके साथ किया उसे लेकर साहिल थोड़ा उदास था, पर थोड़ा ख़ुश भी था यह सोचते हुए कि वो ख़ुद के लिए लड़ा। हम सब अपनी फ़िल्म का 'मेन हीरो' ही बनना चाहते हैं 'साइड कैरेक्टर' की कोई अहमियत नहीं होती। लेकिन साइड कैरेक्टर के बिना कोई फ़िल्म भी नहीं होती। फ़िल्म बिल्कुल सीधी चलती रहेगी, बोरिंग। साहिल अपनी फ़िल्म का हीरो बन चुका था। पर अभी तक फ़िल्म में हीरो को हीरोइन न मिलने का ग़म भी था।

अगले दिन साहिल स्कूल पहुँचता है तो ऊपर सीढ़ियाँ चढ़ते हुए उसे कुसुम मिलती है। साहिल उसे बिना देखे बिना कुछ कहे उसके आगे निकल जाता है। कॉरिडोर में अन्य कक्षाओं के लोग खुसर-पुसर कर रहे होते हैं। साहिल वहीं कक्षा की आख़िरी लाइन की आख़िरी बेंच पर प्रमोद और राज के साथ बैठ जाता है। हर तरफ़ बस यही बात चल रही होती है कि कल साहिल और कुणाल की स्कूल के बाहर लड़ाई हुई और साहिल ने उसे मारा। हर जगह उसकी बात होते देख साहिल मानो इतराते हुए किसी हवाई जहाज़ में बादलों के ऊपर उड़ रहा था। इतने में ही वार्डन आता है और कहता है कि साहिल, प्रमोद और राज को नीचे प्रिंसिपल रूम में मैडम ने बुलाया है। यह सुनते ही डर की एक बिजली कौंध जाती है और हवाई जहाज़ में बैठा साहिल क्रैश होकर नीचे गिर जाता है। तीनों दबे पाँव प्रिंसिपल रूम पहुँचते हैं और देखते हैं कि सक्षम और कुणाल भी पहले से वहीं हैं। प्रिंसिपल मैडम सक्षम और कुणाल की कंप्लेंट पर साहिल, प्रमोद और राज को डाँट लगाती हैं और तीन हफ़्ते के लिए सस्पेंड कर देती हैं। पर साहिल यह सब बर्दाश्त नहीं कर पाता। वो अपनी तरफ़ से बताता है कि कैसे लड़ाई पहले सक्षम ने शुरू की थी।

और तो और, उसके साथी कैसे काफ़ी पहले से तीनों को परेशान करते आए हैं। पिछली बार राज को चोट लगने पर भी जब उन्होंने कंप्लेंट की थी तब भी कुछ नहीं किया गया था। प्रिंसिपल मैम कुछ देर तर्क-वितर्क के बाद सक्षम और कुणाल को भी उनके साथ तीन हफ़्ते के लिए सस्पेंड कर देती हैं। लेकिन यह अभी भी सही नहीं था। प्रमोद और राज के लिए भी ये सब काफ़ी ग़लत था। आगे किसी की एक न सुनते हुए, प्रिंसिपल मैम द्वारा पाँचों के घर कंप्लेंट करके उन्हें वापस भेज दिया जाता है। घर पर साहिल के माता-पिता उसे डाँट लगाते हैं और लड़ाई का कारण पूछते हैं। साहिल के बता देने के बाद उसे 'हमें पहले क्यों नहीं बताया कभी' पर और डाँट पड़ती है। पर माता-पिता अपने माता-पिता होने का धर्म निभाते हुए थोड़े चिंताजनक हो जाते हैं और आगे से ऐसा कुछ भी होने पर पहले उन्हें बताने को कहते हैं।

साहिल भी अपने स्कूल से निकाल दिए जाने को लेकर काफ़ी दुखी होता है। अपने परिवार का नाम डुबाने जैसे विचारों पर ग्लानि में भरा वह उस दिन ज़ार-ज़ार रोता है। अपने कमरे में रोता हुआ तकिए को भिगोता हुआ साहिल वहीं सो जाता है। शाम को उठकर जिम जाता है और अपने साथ हुए सारे बुरे को, अपने सारे ग़ुस्से को लेकर वर्कआउट करता है। उस दिन साहिल को अपने जीवन में एक नई चीज़ मिलती है और वो ख़ुद के ग़ुस्से को, डर को अच्छे से इस्तेमाल करना। साहिल अपनी सारी परेशानियाँ भूलकर जिम में ध्यान देने लग गया था। रोज़ जिम जाना, स्वस्थ खाना, गिटार, लेखन, फ़ुटबॉल, इन सब में साहिल को एक एस्केप मिलने लग गया था। अधिकतर दिन इन्हीं सब व्यस्तताओं में गुज़र जाता था। जब भी ज़्यादा परेशानी, ग़ुस्सा, मूड ऑफ़ होता तो साहिल जिम चला जाता। जिम में उसकी कुछ अपनी उम्र से बड़े लोगों के साथ अच्छी दोस्ती भी हो गई थी। देखते ही देखते तीन हफ़्ते बीत चुके थे। इन तीन हफ़्तों में साहिल की कुसुम से कोई बात नहीं हुई थी। साहिल अब पहले से ख़ुश

था, पर कुसुम को भूल जाना अभी भी इतना आसान नहीं था। कई दफ़ा साहिल के मन में ख़याल आया था कि वो कुसुम को मैसेज करे और पूछ ले कि उस दिन 'क्या तुम कुणाल को पसंद करती हो? हाँ या ना?' के सवाल पर उसने जवाब 'नहीं' में क्यों नहीं दिया?

तीन हफ़्ते के बाद तीनों स्कूल वापस जाते हैं। साहिल थोड़ा घबराया हुआ होता है कि बाक़ी बच्चे उसका मज़ाक़ उड़ाएँगे, उस पर हँसेंगे, पर अब उस ने लोगों की बात सुनना और उसे दिल पर लगाना छोड़ दिया था। अब स्कूल थोड़ा बदल चुका था। सक्षम, कुणाल और उनके साथ के अन्य बच्चे उनको परेशान नहीं करते थे। साहिल, प्रमोद और राज अब अपने में मज़े करते थे। दसवीं बोर्ड्स की परीक्षाएँ भी नज़दीक आ रही थीं तो तीनों मन लगाकर पढ़ना चालू कर देते हैं। कुसुम भी साहिल को कई बार दिख जाती थी। यूँ तो साहिल का मन करता था उस से बात करने का, पर आत्मसम्मान से बड़ा कुछ नहीं होता, ये बात भी वह अच्छे से समझता था। साहिल बुली नाम की एक बड़ी जंग तो जीत चुका था, पर कुसुम को लेकर मन अभी भी युद्धक्षेत्र में ही ज़ख़्मी था।

दसवीं की परीक्षा से कुछ दिन पहले एक शाम साहिल जिम में ही होता है कि उसके फ़ोन में एक मैसेज आता है कुसुम का– 'तुम्हारे एग्ज़ाम्स शुरू होने वाले हैं... ऑल द बेस्ट! मुझे तुमसे कुछ बात करनी थी। क्या हम कल स्कूल के बाद बाहर मिल सकते हैं?' ये मैसेज पढ़ते ही साहिल बेहद ख़ुश हो जाता है। कितने समय बाद उसका नाम अपने मोबाइल में पढ़कर वैसी ही पहले जैसी मुस्कान उसके होंठों पर छा जाती है। अपनी लव स्टोरी नामक जंग में ख़ुद को हारा हुआ समझने वाला साहिल फिर से ख़ुद के जीत जाने के सपने देखने लगता है। क्या अभी भी कुछ बाक़ी है? क्या बात करनी होगी कुसुम को मुझसे? मैं तो समझ रहा था वो मुझे भुला भी चुकी। साहिल ख़ुश था, वो कुसुम से कभी स्कूल के बाहर नहीं मिला था। पर साहिल फिर से कमज़ोर भी नहीं दिखना चाह रहा था, वो

कुसुम के मैसेज का 'OK' में रिप्लाई कर देता है। बाहर से बेहद ख़ुश और अंदर से मन उतना ही अशांत, साहिल रात को जैसे-तैसे सो पाता है। सुबह स्कूल पहुँचता है तो पहले से ही कॉरिडोर में खड़ी कुसुम उसको देखकर हाथ हिला देती है और साहिल छोटी-सी मुस्कान के साथ हेलो बोल देता है। प्रमोद और राज को जब पता लगता है कि साहिल स्कूल के बाद कुसुम से मिलेगा, तो इस बात पर दोनों उस से नाराज़ हो जाते हैं। साहिल पहले ही कुसुम को लेकर इतना सब झेल चुका था, इतनी मुश्किल से उसे भूलकर थोड़ा मुस्कराने लगा था, अब प्रमोद और राज अपने दोस्त को फिर से उदास-परेशान नहीं देखना चाहते थे।

छुट्टी के बाद कुसुम साहिल को बाहर गेट पर खड़ी मिलती है और दोनों चुपचाप साहिल के घर की तरफ़ पैदल चलने लगते हैं।

"हम कितने समय बाद मिल रहे हैं न? मैं बहुत समय बाद पहले जैसी ख़ुश हूँ आज।" कुसुम चुप्पी तोड़ते हुए शुरुआत करती है।

"ख़ुश तो मैं भी हूँ कुसुम तुमसे मिलकर, पर अब हम क्यों मिले हैं? क्या अभी भी कुछ बाक़ी रह गया है?"

कुसुम के पास इस बात का कोई जवाब नहीं होता। थोड़ी देर पहले सूरजमुखी के फूल-सी मुस्कराती हुई कुसुम अचानक से रात के अँधेरे में मुरझा जाती है।

"तुमने क्यों किया ऐसा मेरे साथ? सब कुछ इतना अच्छा तो चल रहा था! प्यार को तुमने अटैचमेंट का नाम क्यों दिया? क्यों तुमने कुणाल के सामने नहीं बोला कि तुम मुझे पसंद करती हो? और दो महीने बाद आज तुम्हें वापस मेरी याद आई?"

"साहिल, मेरे लिए भी इतना आसान नहीं था। मेरे घर पर सब ठीक नहीं था जिसके बारे में मैं तुम्हें बता चुकी हूँ। बहुत मुश्किल था मेरा उस सबसे गुज़रना और अभी भी मैं अच्छे से निकल नहीं पाई हूँ। दिन-रात मेरे घर में लड़ाई होती थी और जिस वक़्त मुझे तुम्हारी सबसे ज़्यादा ज़रूरत

थी उस वक़्त मैंने तुम्हें खो दिया था। आई मिस्ड यू। आई एम सॉरी!" कुसुम यह सब बिना रुके एक झटके में बोल देती है। थोड़ी देर शांति बनी रहती है, बस बाहर और अंदर ट्रैफ़िक का शोर सुनाई देता है।

"रही बात कुणाल की... तो पहले मुझे बहुत बुरा लगा कि मुझसे बिना पूछे, मुझ पर बिना भरोसा किए तुम उसकी बातों में आ गए।"

"पर मैंने तुमसे पूछा था कुसुम कि ये सब सच है या झूठ? क्यों तुमने उस वक़्त सब के सामने जवाब नहीं दिया?" साहिल पूछता है।

"क्योंकि वो सच था। हाँ मुझे पहले कुणाल अच्छा लगता था, पर बाद में मैं तुम्हारे साथ थी न? मुझे पता लग गया था कि कुणाल अच्छा लड़का नहीं है।" कुसुम कहती है।

ये सुनते ही भीतर सारा ट्रैफ़िक शांत हो जाता है। बाहर अभी भी गाड़ियाँ दौड़ ही रही होती हैं।

"मुझे पता है मैं अपनी जगह ग़लत थी साहिल, पर क्या हम अभी भी साथ हो सकते हैं?"

इतने में साहिल का घर आ जाता है। साहिल के पास अभी कोई जवाब नहीं था। साहिल कुसुम से प्यार करता था अभी भी। उसने कुसुम के बारे में सोचना एक दिन भी नहीं छोड़ा था, पर वह फिर से मुहब्बत की पुरानी गलियों में क़दम रखने से घबरा रहा था। जितना ही वो फिर से कुसुम के साथ होना चाहता था उतना ही डर भी रहा था कि दोबारा फिर उसका दिल न टूट जाए। उस समय साहिल कोई जवाब नहीं देता। दोनों फिर से बातचीत शुरू कर देते हैं। कुछ टाइम बाद फिर स्कूल में मिलना चालू हो जाता है और उसे ख़ुद नहीं पता चलता कि कब वो दोनों फिर से साथ हो जाते हैं। देखते-देखते समय बीतता चला जाता है। कब कक्षा दसवीं की परीक्षा ख़त्म होती हैं, कब ग्यारहवीं की, बताना मुश्किल है। अब साहिल कक्षा बारहवीं में था और कुसुम ग्यारहवीं में। दोनों के हाथों की रेखाएँ फिर जुड़ती हुई नज़र आती हैं।

सोच की एक ख़ुशबू होती है

लिखे हुए में सोच की एक ख़ुशबू होती है। आप लिखा हुआ सुनाते हैं और लोग उसे सूँघ लेते हैं। वो ख़ुशबू इतनी मधुर होती है कि उसमें ख़यालात का एक बीज बोया जा सकता है, जिसमें विचारों के रंग-बिरंगे फूल पर सपनों की कुछ तितलियाँ भी मँडराती हुई नज़र आती हैं। लिखे हुए में इतनी ताक़त होती है कि आपके शब्द एक नई दुनिया बनाते हैं जिसमें सिर्फ़ आप और आपके लिखे हुए को सूँघने वाले ही होते हैं।

कल रात जो हुआ मैं रात भर उसी के बारे में सोचता रहा। जो हुआ वो सही नहीं था। पर जिस प्रकार ज़कात ने शांत रहकर परिस्थिति को सँभाला वो काफ़ी सराहनीय था। सुबह उठकर मैंने ज़कात से बात करनी चाही पर 'अब तो मुझे इन सबकी आदत है' कहकर उसने बात वहीं ख़त्म कर दी। मैं भी अपना मन ज़्यादा न ख़राब करते हुए आगे आने वाले दिन के बारे में सोचने लगा। आज घर से दूर यहाँ हिमाचल में यात्रा का हमारा तीसरा दिन था और परसों रात हमारी घर वापसी की ट्रेन भी थी। इन पहाड़ों के क़रीब बचे हुए इस समय को मैं यूँ ही ज़ाया नहीं करना चाहता था। नए बादलों की तलाश में मेरी यह यात्रा अभी भी अधूरी थी। कहानी आगे बढ़ाने का माँझा भी मेरी चड़खड़ी में कम ही बचा था। अभी सुबह के दस

बज रहे थे। ज़कात और मैंने होटल की छत पर बने एक छोटे-से कैफ़े में जाकर मैगी और कॉफ़ी का ऑर्डर दे दिया और आज के दिन को लेकर चर्चा करने लगे।

आज हमें धौलाधार पर्वत श्रृंखलाओं के बीच स्थित एक बहुत ही ख़ूबसूरत पर्यटन स्थल डलहौजी के लिए रवाना होना था। मुझे भी कहानी को आज आगे बढ़ाना ही था। यात्रा से मेरी एक बहुत बड़ी अपेक्षा यह भी थी कि शायद घर से दूर वादियों के नज़दीक नए माहौल में जाकर मुझे शब्द भी नए मिल जाएँगे, पर अभी तीन दिन बीत चुके थे और कहानी वहीं की वहीं थी। नाश्ता करने के उपरांत नहा-धो लेने के बाद सामान बाँधकर हम क़रीब बारह बजे चेकआउट करवाकर गाड़ी में डलहौजी के लिए रवाना हुए। मैक्लॉडगंज से डलहौजी का रास्ता लगभग चार घंटे का है।

"मुझे कहानी पर काम करना है।" मैंने ज़कात से कहा। मैं बोलना ख़त्म करता ही हूँ कि उससे पहले तुरंत ज़कात जवाब दे चुका था, "बिल्कुल करो!"

"पर मेरा आजकल राइटर्स ब्लॉक चल रहा है।"

"हा हा हा... वो क्या होता है!" ज़कात ने कटाक्ष में कहा।

"पता नहीं। बहुत समय से कुछ समझ में नहीं आ रहा और न ही कुछ लिख पा रहा हूँ। सोचा था यात्रा के दौरान लिखूँगा, पर नहीं हो पा रहा। ऐसा लग रहा है मैं ख़ुद की ही कहानी भूल रहा हूँ।"

"जो महसूस करते हो वो लिख दो।" ज़कात यह बोलते-बोलते गाड़ी के पीछे से अपना बैग उठाता है और उसमें से एक किताब निकालकर अपनी गोद में रख लेता है।

"जो महसूस करता हूँ वो? नहीं मैं कविता नहीं लिख रहा। मैं कहानी लिख रहा हूँ। जैसा महसूस करता हूँ वो लिख देना छलावा है। मुझे तो सच लिखना चाहिए न?" मैंने कहा।

"तो सच लिख दो।" ज़कात ने अपनी किताब खोलते हुए कहा।

"इतना आसान नहीं।"

"आसान होता तो सब लिख रहे होते। पूरी दुनिया लिख रही होती। तुम और मैं अलग हैं। हर लेखक हर साधारण व्यक्ति से अलग है। तुम लिखो, मुझे तुम पर भरोसा है।"

"कोशिश करता हूँ। तुम क्या करोगे?"

"मैं अभी यह किताब पढ़ूँगा।"

वह पढ़ने लगा था।

"तुम कौन हो ये ख़ुद भी नहीं जानती हो तुम
मैं कौन हूँ ये ख़ुद भी नहीं जानता हूँ मैं
तुम मुझको जानकर ही पड़ी हो अज़ाब में
और इस तरह ख़ुद अपनी सज़ा बन गया हूँ मैं।"

"आह साहब जौन एलिया! बहुत ख़ूब! मुझे काफ़ी दिलकश लगते हैं वो।" मैंने उत्तेजित होकर कहा।

ज़कात अपनी किताब वापस पढ़ने लगा और मैं भी अपना लैपटॉप निकालकर लिखने का ढोंग करने लगा। आगे लिखने के लिए मुझे पिछला दुबारा याद करना पड़ा। कहीं-न-कहीं अब आने वाले हिस्से को मैं नज़रंदाज़ ही रहने देना चाह रहा था। पर अंदर ही अंदर कहानी पर अच्छे से काम न कर पाने की और आगे कहानी न लिख पाने की दबी हुई खुजली भी अब ज़्यादा परेशान कर रही थी। एक बार खुजा लेने का आनंद मैं लैपटॉप की ख़ाली स्क्रीन पर देख पा रहा था। पता ही नहीं चला था कि कब दो घंटे का सफ़र बीत भी चुका था। ज़कात सो चुका था और मेरे लिए अभी कहानी आगे बढ़ा पाना असंभव के क़रीब ही लग रहा था।

क्यों न कुछ और लिख लिया जाए? जैसा एक ख़याल मुझे गाड़ी में ही आगे वाली ख़ाली सीट पर बैठा हुआ दिखा। पर क्या? अभी जो कहानी चल रही है उसमें कोई अलग कहानी कैसे अपनी जगह बना पाएगी? क्या

इस किताब में मैं ऐसा कुछ लिख सकता हूँ जिसका लेना-देना ही नहीं है उस लेखन से जो अभी तक किया जा चुका है ? जब और कुछ सोचने की क्षमता को लेकर दिमाग़ ख़ुद पर संदेह करने लगा तो मैं आगे कैब ड्राइवर भइया से बातें करने का सोचने लगा। सोच ही रहा था कि भइया बोल उठे, "क्या बात है भइया कुछ परेशान-से लग रहे हो ? अभी दो घंटे का सफ़र बाक़ी है आप आराम करिए।"

"अरे कुछ नहीं भइया, बस कुछ लिखने का प्रयास चल रहा था, पर कुछ नया सूझ ही नहीं रहा तो सोचा आपसे ही बात कर लूँ।"

"अच्छा तो आप लिखते हो ? फिर तो माथे पर शिकन जायज़ है। तो आप मुझमें भी कुछ कहानी ढूँढ़ रहे होंगे। क्यों ?"

"अरे नहीं भइया, मैं जो लिख रहा हूँ वो अटक गया है, आगे बढ़ नहीं पा रहा तो सोचा कुछ और लिख लेता हूँ। कुछ भी कहानी, कविता, शायरी जो मिल जाए।"

"हा हा हा... मैं आपका कष्ट समझ सकता हूँ भइया, हम भी अपने दिनों में थोड़ा लिख लिया करते थे। ख़ैर छोड़िए, आप बताइए क्या लिख रहे हैं, शायद हम आपकी कुछ मदद कर दें ?" भइया ने रियर मिरर में मेरी ओर देखते हुए कहा।

भइया के मुँह से यह सुनते ही मेरे अंदर का लेखक ख़ुश हो गया था। जैसे उसे आज रात की रोटी मिल गई हो।

"मैं तो कुछ नहीं भइया, मेरी तो बस सामान्य कहानी है। स्कूल के दो विद्यार्थी आपस में मिलते हैं, बिछड़ जाते हैं, फिर मिलते हैं, फिर बिछ... हर कहानी की तरह, वही पुरानी कहानी, बस पात्र नए। आप अपनी बताइए भइया, आपकी भी होगी कुछ कहानी, सबकी अपनी कुछ-न-कुछ तो होती ही है।" मैं बस उपहास में बोला।

"फिर तो भइया आप मेरी कहानी भी लिख देंगे।" कैब वाले भइया ने बोला।

"नहीं भइया, आपको ऐतराज़ है तो नहीं लिखूँगा।"

लेकिन मेरे अंदर के जानवर ने लिख दी। नाम बदल के वही कहानी लिख देने से कहानी नहीं बदल जाती। मैं पूरी यात्रा में इतनी बातों के बाद भी उनसे उनका नाम पूछना भूल गया था तो अब आगे की कहानी के लिए हम उन्हें भइया ही बुलाते हैं।

अब उसके आगे जो भइया बोलते गए मैं लिखता गया।

उन भइया का नाम भइया था।

"तो भइया जब हम कॉलेज में थे, नाटक किया करते थे। थिएटर। लिखने का बहुत शौक़ था। हमें दरअसल बड़े होकर फ़िल्में बनानी थीं, सब तक अपनी कहानियाँ पहुँचानी थीं, अपनी बात सुनानी थी, पर असल में कुछ हो न सका। तक़दीर बहुत बड़ी चीज़ होती है भइया। आज देखिए, हम कैब चलाते हैं और कहानी के नाम पर मेरे श्रोता आप ही हैं।"

ये सब बोलते वक़्त भइया मुस्करा रहे थे, पर उनकी मुस्कराहट के पीछे का दर्द उनकी आँखों से साफ़ झलकता हुआ मैं देख सकता था। आज भइया की कहानी वो सब सुन रहे हैं जिनके हाथों में अभी इस वक़्त यह किताब है।

"ख़ैर, कुछ न से भला कुछ, चाहे एक सुनने वाला हो या सौ, मेरी कहानी तो वही रहेगी। दिल्ली में कॉलेज में थिएटर के दिनों में भइया वहाँ मुझे एक लड़की मिली।"

फिर वही कहानी। लव स्टोरी? लड़का-लड़की... प्यार-बिछड़न... फिर प्यार... साथ-अलग... पास-दूर... मन ने सोचा। मुझे इस वक़्त वही पुराना उबाऊ नहीं सुनना था। कुछ नया चाहिए था।

"उसका नाम जनीना था। वो एक मुस्लिम घर से थी और मैं हिंदू। हमारे लिए धर्म के कोई मायने नहीं थे। हम सिर्फ़ मुहब्बत के धर्म का धंधा करते थे। हम तब तक साथ रहे जब तक हम नहीं रहे। कॉलेज से निकलने के कुछ समय बाद तक हम चोरी-छुपे मिलते रहे। मैं फ़िल्मों में तो नहीं जा

पाया था, पर मैंने मूवी कैसेट की अपनी एक छोटी-सी दुकान जमा ली थी। थिएटर, भइया, दुनिया की सबसे ख़ूबसूरत चीज़ है बस उसके भी चाँद की तरह कुछ गड्ढे हैं। स्साला पैसा नहीं है थिएटर में और ये पैसा इंसान की सबसे बड़ी भूख है। जितना खाओ उतनी भूख बढ़ती जाती है। मैं थिएटर नहीं कर पाया। ज़िंदगी भी तो अपने में एक नाटक ही है।"

मैंने सोचा क्या ऐसा बोलने के पीछे उनका कोई निज इसमें शामिल है?

"ज़िंदगी भी नाटक है और वो ऊपरवाला यह नाटक खेल रहा है।"

यूँ तो अब मैं भगवान में थोड़ा कम ही मानने लगा हूँ, बस अपनी सहूलत के हिसाब से डर में या ज़रूरत में थोड़ा याद कर लेता हूँ। मैंने जवाब दिया, "बिल्कुल भइया, ज़िंदगी नाटक है, हम एक्टर हैं और वो ऊपरवाला डायरेक्टर है।"

भइया थोड़ा नक़ली-सा मुस्करा दिए, फिर न जाने क्या हुआ, शायद उनके डायरेक्टर ने उनसे कहा और वो अपने नाटक की स्क्रिप्ट मुझे सुनाने लग गए।

"मैं फ़िल्मों में नहीं जा पाया क्योंकि मुझसे ऊपर एक और डायरेक्टर था। जनीना और मैं एक-दूसरे से शादी करना चाहते थे, पर हमें पता था हमारे घर वाले हमें उस बड़े डायरेक्टर के नाम पर डरा-धमका के अलग कर देंगे, और ऐसा ही हुआ। एक दिन जनीना के घर में मेरे बारे में पता लग गया और पुरानी दिल्ली में मेरी मूवी कैसेट की दुकान में उसके घर वालों ने आग लगा दी। लोगों ने कहा कि उनके धर्म के लोग बुरे हैं, पर बुरे तो लोग होते हैं न भइया, धर्म थोड़े ही। ग़लत कभी भी धर्म नहीं होता, इंसान होता है, परंतु ग़लती हमेशा धर्म की बताई जाती है। मैंने और जनीना ने यहाँ हिमाचल में भागकर शादी कर ली। हमने बहुत कोशिश की कि हम अपना घर बना लें। हम रेंट पर रहते थे। लेकिन क्या दुनिया में हम सारे ही रेंट पर नहीं रह रहे? वो हमारा लैंडलॉर्ड है और हम किरायेदार।"

भइया जैसे नाम के भइया यह बोलते ही मुझे अंकल जैसे नाम के अंकल सुनाई देने लगे। यह सुनने के बाद मुझे कुछ समझ नहीं आया कि क्या कहा जाए तो मैं चुप ही रहा। भइया जो अब अंकल हो चुके थे उनके डायरेक्टर भी अब लैंडलॉर्ड में बदल चुके थे। जाने क्या हुआ कि अंकल की शक्ल में माथे से शुरू हो मुँह तक कुछ झुर्रियाँ पैदा हो गई थीं। चुप्पी की दरारें, जो पूरे बदन पर फैल चुकी थीं। थोड़ी देर कैब में शांति बनी रही। फिर मैंने हिम्मत करके भइया से पूछ ही लिया, "फिर ?"

पूछते ही मुझे एहसास हो चुका था कि मैंने कुछ ऐसा पूछ लिया है जैसा नहीं पूछना चाहिए था। अंकल हल्का मुस्कराते हुए बोले, "फिर... फिर बेटा हम तब तक साथ रहे जब तक हम नहीं रहे। जिस क्षण आपको लगता है कि आप अब किसी के साथ अपनी पूरी ज़िंदगी बिता सकते हैं उसी क्षण आप ग़लत हो जाते हैं। जनीना नहीं रही, पर जाते वक़्त मुझे 'मैरी' दे गई। मैरी हमारी बेटी का नाम है जिसके पैदा होते वक़्त ही जनीना चल बसी थी। अब हम दोनों साथ में अपने रेंट के छोटे-से घर में रहते हैं और उसकी स्कूल की फ़ीस भरने के लिए मैं ये कैब चलाता हूँ।"

ये सुनते ही मैं बर्फ़-सा अपनी जगह पर ही जम गया। ठंड बढ़ चुकी थी क्योंकि हम डलहौजी पहुँच चुके थे। ज़कात उठ चुका था। मुझे पता नहीं था मुझे अब क्या बोलना चाहिए। हम होटल पहुँच चुके थे। कैब से उतरते वक़्त मैंने उनकी शक्ल ग़ौर से देखी जो मैंने चढ़ते वक़्त नहीं देखी थी। अंकल जैसे नाम वाले अंकल दिखते भी अंकल जैसे थे। पैसे देने के बाद मैं उनसे बोला, "अंकल, अभी आप भइया ही रहो और आपकी प्ले स्क्रिप्ट भी अभी पूरी लिखी नहीं गई है... ब्लैकआउट तक। वैसे आपका नाम क्या है ?"

हाँ मुझे याद आया। मुझे अब याद आया। उन्होंने अपना नाम प्रभु बताया था। उनका नाम प्रभु था।

"प्रभु।" उन्होंने जवाब दिया।

"प्रभु जी, अपने डायरेक्टर को बोलिए कि स्क्रिप्ट में बढ़िया प्लॉट-व्लॉट डाले, कुछ बढ़िया लिखे। और प्रभु जी आप एक्टिंग अच्छी करते हैं। डायरेक्टर से ना डरें। आपका प्ले भी बिंदास होगा।"

मैं मुसलसल उस सफ़र को मुकम्मल करने में मसरूफ़ हो गया, जिस राह की कोई मंज़िल न थी।

हम डलहौजी पहुँच चुके थे। होटल में चेक-इन करने के बाद मैं और ज़कात अपनी यात्रा के आख़िरी दो दिन कैसे बिताने चाहिए इस पर सोच-विचार कर रहे थे। नए बादलों की अपेक्षा, इस यात्रा से अब निरर्थक ही प्रतीत हो रही थी। मैं नहीं चाह रहा था कि ये यात्रा ख़त्म हो। हिमाचल की इस भूमि से लौटकर फिर से घर जाना मेरे लिए एक गहरी नींद के सुंदर सपने के बीच किसी ऊँची बिल्डिंग से गिरकर सपना टूट जाने जैसा था। यह यात्रा अपने आख़िर पर थी। पर आख़िर से तो मैं हमेशा बचता आया हूँ। मुझे आख़िर का सामना नहीं करना था। हम क्यों पहले आख़िर जान लेना चाहते हैं? हम क्यों आख़िर में क्या होने वाला है सब पहले देख लेना, पढ़ लेना चाहते हैं? अक्सर कोई भी नई किताब पढ़ना शुरू करते वक़्त पहले मैं आख़िर का पन्ना खोल के कुछ शब्द सूँघ लेता हूँ। हम इंसानों की कई कमज़ोरियों में सबसे बड़ी कमज़ोरी ये भी है कि हमारे अंदर धैर्य की बहुत कमी है। हम आगे क्या होने वाला है जानने की अपनी गुदगुदी में हमेशा आँसुओं से हँसते हुए पाए जाते हैं। भविष्य में सब क्या होगा, कैसा होगा की हँसी हम हमेशा हँसते रहते हैं और जब हम भविष्य में नहीं हँस रहे होते तो हम अतीत के काग़ज़ों को बार-बार पढ़कर अपना पन्ना बूँद-बूँद भिगोते रहते हैं।

हिमाचल की इस यात्रा से मुझे नए बादलों की अपेक्षा के साथ एक यह अपेक्षा भी थी कि बाहर, घर से कहीं दूर जाकर नए माहौल में बेहतर लिख पाऊँगा और अपना उपन्यास ख़त्म कर सकूँगा। लेकिन उपन्यास के आख़िर तक तो दूर, मैं अभी मुश्किल से बीच में ही कहीं पहुँच पाया था। या शायद मैं आख़िर तक पहुँचना ही नहीं चाह रहा था। कितना आसान

होता सब अगर आप कुछ चीज़ों को यूँ ही अंजाम तक पहुँचाए बिना बीच में छोड़ सकते। उपन्यास में साहिल की कहानी में जो अब आगे आने वाला था मैं उसका सामना नहीं करना चाह रहा था। काश सब इतना आसान होता कि मैं क़लम उठाता और घटित बदल देता। पर पाठकों से छल का साहस भी मेरे भीतर किसी अँतड़ी में नहीं था। आगे की कहानी को लिखने की कई नाकामयाब कोशिशें पहले मैं कर चुका था।

मैं होटल की बालकनी से बाहर झाँकता हूँ तो अपने में पूरे ब्रह्मांड की सारी ख़ूबसूरती लिए आकाश में सूरज धीमे से, सामने दिखते पहाड़ों के पीछे चोरी-छुपे ढलने की गुस्ताख़ी कर रहा था। मेरे आकाश में देखते ही मानो पकड़े गए चोरों-सा आधा छुपा सूरज वहीं अपनी जगह पर अटक गया हो। मेरा दिल आकाश के जैसे, इस अस्त होते हुए सूर्य की लाली जैसे लाल-सा रंग चुका था। यह सूर्यास्त ऐसे था जैसे इसके बाद कभी जीवन में कोई इससे ख़ूबसूरत सूर्यास्त देखने को नहीं मिलेगा। इस वातावरण का पूरा फ़ायदा उठाने के मक़सद से मैं होटल से बाहर एक लंबी सैर के लिए निकल जाता हूँ। जंगल के बीच से छोटे पथरीले रास्ते, दोनों ओर ऊँचे देवदार के वृक्ष, मेरे साथ में चलती एक छोटी-सी नदी। कुछ समय अपने साथ यूँ अकेले बिताने का सुख। ज़कात होटल में ही आराम कर रहा था और मैं अपने साथ लैपटॉप भी नहीं लाया था। मुझे लेखन से भी थोड़ा समय चाहिए था। अगर मैं लैपटॉप लेकर सैर पर निकलता तो अभी ये सूर्यास्त, ये नदी, ये वृक्ष जी नहीं रहा होता, लिख रहा होता। जैसे ही किताब से थोड़ा ध्यान भटका मुझे उन कैब वाले भइया प्रभु जी की कहानी याद आ गई। उनकी आपबीती कितनी अपने जिए हुए जैसी लग रही थी। जैसे मैं मौजूद था वहाँ। जैसे मैंने सब घटते हुए देखा हो। प्रभु जी ने मुझे अपने कितने निज में शामिल कर लिया था। मुझे अभी भी ऐसा लग रहा है कि क्यों बताया उन्होंने मुझे इतना सब या शायद वो कभी कुछ बोले ही नहीं थे? शायद वो पूरे रास्ते चुप थे और यह सब हमारी चुप्पी बातें कर

रही थी? मैं इस वक़्त कुछ भी नहीं जानता। रियलिटी और फ़िक्शन के बीच में जो एक महीन धागा है जो जिए हुए और गढ़े हुए को अलग करता है, मेरे दोनों पैर उसी धागे के बीच में थे।

सूर्यास्त हो चुका था। देर शाम मैं टहलता हुआ वापस होटल की ओर आया। जब मैं कमरे में वापस पहुँचा तो ज़कात उठ चुका था। वापस लौटते ही मेरा दिमाग़ फिर किताब के चारों ओर घूमने लगा था।

"पिछले कुछ समय से जब भी मैं उपन्यास पर काम करने बैठता हूँ, साहिल की कहानी को छोड़ इधर-उधर की सारी कहानियाँ मेरे सामने आकर खड़ी हो जाती हैं। कविताएँ रंग-बिरंगी तितली की तरह आस-पास मँडराने लगती हैं। शायरियाँ चींटियों की तरह सरकती हुई चली आती हैं।" मैं ज़कात से कहता हूँ।

ज़कात बोलता है, "ज़बरदस्ती मत सोच। लेखन कभी भी ऐसे नहीं होता। तू उसे ढूँढ़ेगा तो वो नहीं मिलेगा, उसे ख़ुद अपने पास आने दे। तब तक जो तेरे आगे आकर खड़ा है वो लिख, तितलीयाँ लिख, चींटियाँ लिख।"

"हाँ वो तो मैं लिख ही लेता हूँ। पर अब कल आख़िरी दिन है यहाँ हमारा। मेरा मन अभी नहीं भरा। मुझे वापस नहीं जाना। मन कर रहा है यहीं पहाड़ों में बस जाऊँ। न तो यहाँ नए बादल मिले, न ही कहानी आगे बढ़ाने का ऊन।"

"हाँ तो फिर अपने ख़ुद के नए बादल बना। और ऊन भी तेरे पास है तू बुनने पर ध्यान दे बस। सब्र रख। चल अभी भूख लग रही है मुझे बहुत, बाहर जाकर कुछ खा आते हैं। और कल आख़िरी दिन है, आज अच्छे से नींद पूरी करके कल घूमेंगे पूरा दिन।" ज़कात उठते हुए एक लंबी अँगड़ाई लेकर कहता है।

हम दोनों होटल से बाहर निकलकर पैदल घूमने लगते हैं। यहाँ घर से दूर तीन दिन बाद अब हमारे पैसे लगभग ख़त्म होने को आए थे। हम

होटल के नज़दीक ही एक अच्छा-सा ढाबा देख वहाँ खाने बैठ गए। ज़कात से बात करने के बाद मेरा मन थोड़ा शांत तो हो गया था लेकिन अभी भी एक बात थी जो मुझे खाए जा रही थी। यह उपन्यास साहिल की कहानी से आगे न बढ़ पाने के बाद भी ख़ुद-ब-ख़ुद लिखा जा रहा था। ज़कात को लगता था इस उपन्यास में मैं सिर्फ़ साहिल, कुसुम, राज, प्रमोद इन्हीं किरदारों से जूझ रहा हूँ। जब उसे पता लगेगा कि ख़ाली समय में जब उनकी कहानी रुकी हुई होती थी तब मैं उसकी और अपनी कहानी भी लिखे चले जा रहा था। ज़कात कैसा बर्ताव करेगा यह जानने के बाद कि वो भी एक किरदार है कहानी में, जो मेरी क़लम के निशानों पर चल रहा है। मैं नीयत से कितना लेखक हूँ और अपने जिए को किसी और का जिया हुआ लिख रहा हूँ!

लेखक कहीं-न-कहीं अपनी ज़िंदगी के निजी दुख, दर्द अपने किरदारों के कंधे पर डालता रहता है। अकेले होने के कारण अपना दुख बाँटने को उसके पास सिर्फ़ उसके कुछ किरदार ही होते हैं। किरदार जिनका वो दुख है भी नहीं, एक अच्छे वफ़ादार किरदार की तरह अपने रचयिता का दुख जीते या कहिए सहते रहते हैं। एक लेखक क्योंकि नीयत से लेखक है, इसलिए वह अपने दुख कम करते रहने के लिए अकेलेपन में नए किरदार बुनता रहता है।

खाना खा लेने के बाद मैं बहुत थक गया था। सुबह जल्दी उठकर हमें घूमने भी निकलना था तो मैं वापस अपने कमरे में आकर सोने की प्रक्रिया में लग गया। ज़कात अपनी किताब लेकर बालकनी में चक्कर काट रहा था। थकान के कारण मुझे नींद जल्दी आ गई थी।

सुबह नींद क़रीब छह बजे दूर कहीं से आते मधुर पियानो के सुरों से खुली। मैंने सुन रखी थी ये धुन कहीं। फ्रेडरिक चॉपिन की नॉक्टर्नस (Frederic Chopin's Nocturnes, opus 9, no. 2) के पियानो नोट्स। पर्दों से रोशनी छनती हुई ज़मीन को छू रही थी। आँखें मलते हुए

मैं बिस्तर से उतरा। बग़ल में रखी टेबल पर से केतली उठाकर एक ब्लैक कॉफ़ी बनाई और कमरे में, बालकनी में घूमने लगा। ज़कात यहाँ मौजूद नहीं था। पियानो की धुन के साथ अब गिटार के नोट्स भी जुड़ चुके थे। मैंने कमरे में नज़र घुमाकर देखा तो ज़कात के साथ-साथ उसका गिटार भी ग़ायब था। जिस दिशा से धुन की ख़ुशबू सुनाई दे रही थी, मैंने उस तरफ़ अपने क़दम बढ़ाए। हमारे कमरे के बग़ल में एक कमरा छोड़ एक और कमरा था जहाँ से आवाज़ आ रही थी। अब गिटार की आवाज़ आना बंद हो चुकी थी। कमरे का दरवाज़ा हल्का खुला हुआ था। मैंने कमरे के अंदर झाँकने की गुस्ताख़ी की तो पियानो बजाती हुई लंबे जुल्फ़ों वाली एक लड़की की छवि दिखाई पड़ी। मैंने कमरे के दरवाज़े पर दो बार दस्तक दी और बाहर की तरफ़ दरवाज़ा खोलते हुए अंदर प्रवेश किया। मुझे देखते ही पियानो बजा रही लड़की रुक गई।

"अरे गुस्ताख़ी माफ़! दरअसल मुझे ये पियानो की आवाज़ अपने कमरे में सुनाई दे रही थी तो मैं पीछा करते हुए यहाँ चला आया। कमरे का दरवाज़ा खुला हुआ था तो मैं खटखटाकर अंदर चला आया। मेरा आपको परेशान करने का कोई इरादा नहीं था। आप बहुत सुंदर बजा रही थीं, कृपया जारी रखें। मैं आपसे क्षमा चाहता हूँ।" मेरे ये सब बोलते ही बालकनी के दरवाज़े से ज़कात कमरे के अंदर आता है।

"अरे तुम? उठ गए तुम? आओ-आओ अंदर आ जाओ। इनसे मिलो, इनका नाम नग़मा है।" ज़कात ने मुझे पियानो वाली लड़की से मिलवाया।

"नग़मा... बेहद सुंदर नाम है! जैसा काम वैसा नाम, वाह! मेरी सुबह की नींद आपके इस पियानो को सुनकर खुली। चॉपिन की ये धुन मुझे बेहद सुंदर लगती है। इसके लिए शुक्रिया!" मैं नग़मा की ओर देखते हुए कहता हूँ।

"मेरी भी सुबह कुछ यूँ ही हुई थी। क़रीब पाँच बजे नींद खुली जब

मुझे बालकनी के बाहर से ये मधुर आवाज़ आती सुनाई दी। मैं कुछ देर बालकनी में ही खड़ा रहा जब मुझे नग़मा दिखीं। मैंने इनकी कला को तवज्जो दी और बताया कि मैं भी गिटार बजाता हूँ तो इन्होंने मुझे यहाँ आमंत्रित कर लिया। मैं इन्हें तुम्हारे बारे में ही बता रहा था और देखो तुम चले आए।"

ज़कात के मुँह से इतने सारे शब्द एक साथ निकलते हुए बहुत समय बाद सुने थे मैंने। उसके चेहरे की चमक देख मैं भी हल्का मुस्करा दिया। नग़मा अपनी कुर्सी से उठी और मेरी तरफ़ मुख़ातिब हुई। नग़मा लंबी क़द-काठी की, सफ़ेद रंग, लंबी काली जुल्फ़ें लिए एक तीखे नैन-नक़्श वाली लड़की थी। उसने अपना हाथ मेरी ओर बढ़ाया और बोली, "आदाब! आपसे मिलकर बेहद ख़ुशी हुई। लाइए आपकी कॉफ़ी ठंडी हो गई होगी, मैं एक और बना देती हूँ।"

नग़मा ने मेरे हाथ से कॉफ़ी का कप लिया और कमरे के कोने में पड़ी टेबल पर रख तीन कप कॉफ़ी बनाने लगी। बाहर बालकनी में कोयल और एक अन्य चिड़िया मिलकर अपनी एक अलग नॉक्टर्न कंपोज़ कर रही थीं। हल्की बारिश टप-टप लकड़ी के छज्जे पर गिर रही थी और संगीत में एक अलग परकशन (percussion) जमा कर रही थी। बारिश के साथ सूरज की हल्की रोशनी आकाश में बनी हुई थी और ठंडी हवा सर्र करती हुई चल रही थी। पिछले चार दिनों में ऐसी अद्‌भुत रोमांचक सुबह नहीं हुई थी। बारिश के बावजूद आकाश में किसी नए बादल का नाम-ओ-निशान नहीं था। हम कॉफ़ी पीते-पीते एक-दूसरे को जानने का प्रयास करते हैं। ज़कात बताता है कि नग़मा भी दिल्ली से यहाँ अपना कॉलेज ख़त्म होने के बाद घूमने आई हैं और इत्तेफ़ाक़न आज इनका भी आख़िरी दिन है यहाँ डलहौजी में, कल ये वापस दिल्ली लौटेंगी। नग़मा ज़कात से उम्र में दो-तीन साल बड़ी थीं, पर नग़मा के साथ ज़कात के चेहरे पर एक अलग मुस्कान दिख रही थी जो मुस्कान उसके बाक़ी दिनों के हिसाब से बनावटी

तो हरगिज़ नहीं थी। हम तीनों अपनी कॉफ़ी ख़त्म करते हैं।

मैं नग़मा को मेरा और ज़कात का आज का घूमने का प्लान बताता हूँ और उनसे पूछता हूँ कि क्या वो हमारे साथ घूमना चाहेंगी? वो झट से राज़ी हो जाती हैं। मैं और ज़कात अपने कमरे की ओर जाते हैं और ठीक आठ बजे नहा-धोकर नग़मा के कमरे के बाहर मिलने का ठानते हैं।

सफ़र शुरू होता है पंचपुला की तरफ़ क्योंकि आज आख़िरी दिन है और यहाँ घूमने को बहुत कुछ है। तो हम एक टैक्सी बुक कर गांधी चौक, डलहौजी से लगभग साढ़े तीन किमी दूर पंचपुला की ओर निकलते हैं। पंचपुला के रास्ते में पहले हम सतधरा रुकते हैं। सात झरनों से मिलकर बनने वाला ये सतधरा वॉटरफ़ॉल हमारी ख़ुशनुमा सुबह को और ताज़गी भरा कर देता है। होटल से निकलते वक़्त हमने अपने साथ कुछ नाश्ता पैक कर लिया था। सतधरा के पास हरे मैदान पर बैठ हम तीनों नाश्ता करते हैं ताकि आने वाले पूरे दिन के सफ़र में कोई रुकावट न हो। क़रीब दस बजे हम वापस टैक्सी में बैठ पंचपुला की ओर रवाना होते हैं।

ज़कात और नग़मा पीछे सीट पर बैठे थे और मैं आगे टैक्सी वाले भइया के बग़ल में। जैसे बचपन में जब कभी हम अपनी बनाई कोई ड्रॉइंग, कोई पेंटिंग घर में बड़ों को दिखाने के लिए दौड़ते थे, ताकि हमें इनाम में शाबाशी मिले, प्यार मिले, कुछ वैसे ही ज़कात अपने पूरे उत्साह में नग़मा को अपनी लिखी कुछ शायरी, कविता सुनाने लगता है। मैंने ज़कात को यूँ इस तरह बच्चा होते पहले कभी नहीं देखा था। ज़कात के लिए उसकी शायरियाँ काफ़ी निज हैं और यूँ भी ज़कात अपने अंदर की बातें बोलने से ज़्यादा लिख देने वालों में से था। उसने नग़मा के सामने ख़ुद को अपनी शायरी के साथ पूरा-का-पूरा खोलकर रख दिया था। ज़कात नग़मा को पसंद करने लगा था, ये उसकी आँखों से साफ़ झलक रहा था, पर शायद अभी वो ख़ुद इस बात से अनजान था।

मुझे टैक्सी में आगे ड्राइवर भइया के बग़ल में बैठ प्रभु जी और उनकी

वो कहानी याद आ गई थी। उनकी कहानी के पीछे कोई कारण था जो अभी मैं समझ नहीं पाया था। बार-बार आँखों के सामने कुछ दृश्य घूम रहे थे। जनीना का चेहरा जिसे मैंने कभी देखा नहीं था, पर मैं महसूस कर सकता था उस चेहरे को। उनकी बेटी जो स्कूल में पढ़ती है। एक तरफ़ उनकी कहानी जिसमें वो अपने प्यार के लिए भागकर शादी करते हैं, हमेशा साथ रहने के वादे करते हैं, और इस बीच कभी न ख़त्म होने वाले प्यार की कहानी यूँ ही दफ़्न हो जाती है। दूसरी ओर साहिल की कहानी जिसका अगला पड़ाव लिखने से मैं कतरा रहा था क्योंकि मुझे ख़ुद कहानी का या बीते हुए का वो भाग पसंद नहीं है। लेकिन मुझे उपन्यास ख़त्म भी करना था। मुझे लिखना था। साहिल की कहानी को आगे बढ़ाना था जो अभी बंद गाड़ी की तरह रुकी हुई थी।

हम पंचपुला वॉटरफ़ॉल के नज़दीक पहुँचने वाले थे। झरने की आवाज़ दूर से कानों में बह रही थी। इस वक़्त लैपटॉप पर लिखना मूर्खता से बड़ा कार्य होता। आज रात को हमें वापस दिल्ली के लिए निकलना था। नए बादलों की खोज और उपन्यास पर काम करने का ऊन दोनों इस यात्रा में नाकाम ही रहे। अब जितना समय बचा था मैं इन पहाड़ों, झरनों, देवदार के साथ ही बिताना चाहता था। पंचपुला पाँच धाराओं से मिलकर बनने वाला वॉटरफ़ॉल डलहौजी का एक प्रमुख पर्यटक स्थल है। यूँ तो मैं यात्राओं में ऐसे भीड़ वाले प्रसिद्ध पर्यटक स्थलों से दूर रहना पसंद करता हूँ, पर इस जगह की ख़ूबसूरती ने मुझे अपने वश में ऐसा कर लिया था कि आस-पास के लोग और उनकी आवाज़ें मुझे नहीं छू पा रही थीं। हल्की-हल्की पानी की बूँदें चेहरे पर पड़ रही थीं और तन से ज़्यादा मन को भिगो रही थीं।

हम तीनों एक बड़े-से पत्थर पर बैठे हुए थे। ज़कात अपनी किताब में कुछ शायरी बुन रहा था और नग़मा मेरे साथ बैठी हुई थीं। कुछ देर बाद उन्होंने मुझसे एक पन्ना और एक क़लम माँगी और अपने हाथ से

पन्ने को छुपाते हुए कुछ लिखने या चित्र बनाने लगीं। साथ-साथ वो मुझे बता रही थीं कि कैसे वो अपना कॉलेज ख़त्म होने के बाद यहाँ अकेले यात्रा करने आ गईं। घर में वह अपने माता-पिता और छोटे भाई के साथ रहती हैं। घर में सारे लाड़-प्यार का हक़दार उनका छोटा भाई है। वो तीन वर्ष की थीं जब उनका भाई जन्मा और तब से ही उन्होंने पियानो सीखना चालू किया। उनको बाहरी दुनिया से एस्केप होकर सुकून उस पियानो के काले-सफ़ेद घरों में मिला। वो तेरह-चौदह वर्ष की थीं जब म्यूज़िक नोट्स पढ़ना व लिखना सीखा। अब वो कॉलेज के बाद आज़ाद तो हैं पर उनके घर वाले चाहते हैं कि वो पढ़ाई-लिखाई करके एक अच्छी नौकरी ही करें। नग़मा ने बताया कि उन्होंने ख़ुद के कुछ संगीत भी लिखे हुए हैं, पर कभी उन्हें किसी को सुनाया नहीं। आज जब मेरे मुँह से चोपिन के नॉक्टर्नस का ज़िक्र सुना तो उन्हें बेहद अच्छा लगा कि कोई उनके आर्ट को परख पाया। जब वो ये सब बता रही थीं तो मैं कभी उन्हें तो कभी झरनों को देख रहा था। थोड़ी देर बाद उन्होंने वो पन्ना मेरी तरफ़ बढ़ाया। उस पर पियानो के कुछ स्वर आकृत हो रखे थे। मैं विस्मित-सा देखता रहा। बिना पियानो बजाए और स्वरों को सुने कोई कैसे लिख सकता है! ये कितना कठिन है! उन्होंने अपना सिर हाँ में हिलाया और वो पन्ना मेरी किताब में रख दिया। मैंने उन्हें बताया कि मैं सुबह उनके पियानो को इसलिए पहचान पाया था क्योंकि मैं भी शुरू से रुचि रखता था। मोत्सार्ट, बीथोवेन, चोपिन और अन्य पियानोवादकों को मैं सुनता आया हूँ।

मैं पन्ने पर लिखे उनके संगीत को सुन पा रहा था। मैंने नग़मा को अपना एक क़िस्सा बताया कि जब मैं एक फ़िल्म 'ए क्लॉकवर्क ऑरेंज' (A Clockwork Orange) देख रहा था तो मैंने फ़िल्म में एक धुन सुनी। जब मैंने उसके बारे में पढ़ा तो पता चला कि वो बीथोवेन की एक प्रसिद्ध symphony no. 9 है जो उन्होंने चालीस वर्ष की आयु में, जब वे कानों से सुनने की क्षमता खो चुके थे, तब लिखी थी। ऐसी आश्चर्य भरी

कलात्मक बातें मुझे हमेशा से भाती आई हैं। नग़मा ने मेरे इस क़िस्से में हामी भरते हुए कहा कि उन्हें भी जब यह बात ज्ञात हुई थी वे बेहद अचंभे में थीं और तब से ही उन्होंने संगीत लिखना व सीखना चालू किया। नग़मा अब हमारी एक अच्छी मित्र हो चुकी थीं जिनके साथ आज अभी आधा दिन बिताने के बाद यूँ लग रहा था जैसे मैं उन्हें एक अरसे से जानता था, पर पहचाना आज है।

साढ़े बारह बज रहे थे। मैं, ज़कात और नग़मा अब अपनी यात्रा में आगे की ओर प्रस्थान करते हैं। पंचपुला से एक किलोमीटर ऊपर की ओर एक छोटा ट्रैक है, जो गंजी पहाड़ी की ओर जाता है। बीस से तीस मिनट लंबा ये ट्रैक चढ़ने में बहुत कठिन नहीं है। हम पंचपुला से अपने साथ खाने-पीने के लिए चिप्स और कोल्डड्रिंक ले के आगे बढ़े, क्योंकि हमें पहले ही बता दिया गया था कि ऊपर कोई दुकान नहीं मिलेगी। हम तीनों गंजी पहाड़ी की ओर अपना ट्रैक चालू करते हैं। ट्रैक करते समय ज़कात और नग़मा साथ थे और मैं उनके पीछे चढ़ाई कर रहा था। नग़मा अपने लंबे गेसुओं को इकट्ठा कर एक जूड़े में बाँधने लगती हैं। लाल रंग की उनकी क्रॉप टॉप में चढ़ाई के दौरान कई दफ़ा उनकी कमर के ऊपर स्थित छोटा काला तिल दिख जाया करता था। माथे पर सवार एक छोटी काली बिंदी और कमर पर काला तिल।

"मुझे लगता है मुझे नग़मा से मुहब्बत हो गई है।" ज़कात मेरे कानों में आकर कहता है।

"हैं? क्या?" मैं अपने ख़यालों की दुनिया से बाहर निकलता हूँ। ये कहाँ खो गया था मैं!

"मुझे लगता है मुझे नग़मा से मुहब्बत हो गई है।" ज़कात अपनी बात दोहराता है।

"हा हा हा... तुम मुझे क्या बता रहे हो! मैं पहले ही समझ गया था। ये तो अच्छी बात है। तो इज़हार करने का इरादा है या शायरी में लिख के

पेट भर गया?" मैं ज़कात की टाँग खींचते हुए कहता हूँ।

"इज़हार करना चाहिए?"

"वो मुहब्बत भला किस काम की जिसकी ख़बर महबूबा को न हो?"

मेरे और ज़कात के बीच की अब लगभग सारी बातें मुझे किसी हिंदी फ़िल्म के डायलॉग की तरह लगती थीं।

ज़कात झेंपता हुआ दौड़ लगाकर फिर नग़मा के पास पहुँच जाता है। क़रीब तीस मिनट ट्रैक करते हुए हम गंजी पहाड़ी के आख़िर तक पहुँचते हैं।

इस पहाड़ के आख़िरी में बहुत कुछ नहीं, पर बहुत कुछ भी है। जो मेरे लिए इस पहाड़ का आख़िर था, वो उससे ऊँची चोटी वाले पहाड़ के लिए शून्य। उस पहाड़ के ऊपर भी बहुत कुछ नहीं, पर बहुत कुछ भी- ये मैं चोटी के आख़िर के ऊपर खड़ा सोचता हूँ। पहाड़ के ऊपर के कुछ नहीं के ऊपर एक अनंत नीला आसमान, अनंत नीले आसमान के ऊपर बहुत कुछ नहीं, पर बहुत कुछ भी। असंख्य नक्षत्रों का एक पूरा ब्रह्मांड। उसके ऊपर कुछ भी नहीं, पर...

शायद आख़िर कुछ होता ही नहीं। आख़िर होता है या आग़ाज़? हिंदू धर्म के अनुसार भी आपकी मृत्यु जो इस मानवीय शरीर का आख़िर होता है वो भी केवल शरीर का ही अंत मानी जाती है। असल में उस आख़िर के बाद भी बहुत कुछ घटता है या घट रहा होता है जो कि आज तक कोई ज्ञात नहीं कर पाया और जो पता लगा पाया वो यहाँ बताने के लिए हमारे पास मौजूद नहीं है। तो मुझे भी अब यही लगता है कि आख़िर तक की खोज मुझे यहीं इस पहाड़ से नीचे खाई में फेंक देनी चाहिए। इस खाई से नीचे बहुत कुछ नहीं, पर... ?

हम तीनों यहीं इस पहाड़ी के ऊपर इस यात्रा में हिमाचल के एक आख़िरी सूर्यास्त को देखने बैठ जाते हैं। इस बीच हमने नग़मा से पूछा कि वो दिल्ली वापस कैसे जा रही हैं तो उन्होंने बताया कि वो वापस दिल्ली

वोल्वो बस में जाने का सोच रही थीं। मेरा और ज़कात का रेल टिकट अभी कन्फ़र्म नहीं हुआ था। तो हमने भी सोचा कि क्यों न जाते वक़्त बस से ही लौटा जाए। छह बजने को थे। सूरज ढल चुका था। ये सूर्यास्त इस यात्रा का आख़िरी सूर्यास्त था। सफ़र का नहीं। सफ़र की कोई मंज़िल नहीं होती। हम तीनों ट्रैक करते हुए वापस नीचे उतरते हैं।

"तो क्या सोचा तुमने, क्या कहोगे नग़मा से?" मैंने ज़कात से पूछा।

"अभी मैं नहीं जानता कि मुझे कुछ कहना चाहिए भी कि नहीं। अभी थोड़ा समय है, वोल्वो बस में साथ जाना है, मैं सोचता हूँ।"

क़रीब सात बजे तक हम होटल वापस पहुँचे थे। सामान हमारा लगभग सारा बँधा हुआ था। बस ग्यारह बजे निकलनी थी। आठ बजे तक होटल से चेक आउट कर, हम बाहर एक कैफ़े में साथ खाना खाने बैठ गए थे। नग़मा थोड़ी हताश थीं। उन्हें घर लौटकर वापस अपनी असल ज़िंदगी जीनी पड़ेगी। असल ज़िंदगी जहाँ उन्हें पता नहीं कि वो म्यूज़िक में आगे कभी कुछ कर पाएँगी भी या नहीं। उन्होंने बताया था कि उनका दिल्ली में ऐसे कोई ख़ास दोस्त भी नहीं है। हम एक दिन में ही काफ़ी अच्छे दोस्त बन चुके थे।

दिल्ली जाते वक़्त, बस के आख़िर में मैं अपना लैपटॉप लिए खिड़की वाली सीट पर बैठ गया था। मेरे और ज़कात के बीच नग़मा बैठी थीं। पहाड़ों से नीचे उतरते वक़्त चाँद हमारे साथ चल रहा था। वादियों को अलविदा करते हुए मैं अगली बार जल्द आने का वादा करता हूँ। नीचे अँधेरी खाई थी, ऊपर सुनहरा चाँद और मेरे आगे सफ़ेद स्क्रीन। मैं अपनी किताब पर काम करना चालू करता हूँ।

धुँधले बादल...

सुबह की कोयल, शाम की तितली और रात में चमगादड़

थोड़ा समय हो गया था मुझे अपनी कहानी पर कुछ काम किए हुए। माफ़ कीजिएगा मेरी कहानी नहीं, साहिल, कुसुम, प्रमोद, राज, सक्षम और उन सब अन्य किरदारों की, जो उस कहानी के घटित में शामिल थे। कहानी अब मेरी नहीं रही। मैं तो केवल लिख रहा हूँ। मेरे हाथ में क़लम है, पर कहानी मेरे हाथों से बहुत समय पहले ही निकल गई थी। कहानी की भी एक उमर होती है। कहानी एक लेखक के लिए उसकी बेटी-सी है। शुरुआत में उसे अपने कहानीकार की उँगली की ज़रूरत होती है, साथ चलने के लिए, परंतु हर कुछ पन्नों के बाद कहानी जवान होती चलती है और न जाने कब वो क्षण आ जाता है जब कहानी अपने बाप से विदा ले के किसी ग़ैर की हो जाती है। आपका अपनी कहानी पर हक़ कम और पात्रों और पाठकों का ज़्यादा हो जाता है। जितना थोड़ा-बहुत लेखक अपना हक़ जता पाता है उतनी कहानी आगे बढ़ती रहती है।

यह बात तब की है जब साहिल बारहवीं कक्षा में था। साहिल और कुसुम फिर साथ थे। इतना सब हो जाने के बाद कुसुम को माफ़ कर साहिल सब भुला चुका था। काफ़ी समय से दोनों साथ थे और एक-दूसरे के प्रति स्नेह और विश्वास पहले से भी ज़्यादा था। दोनों के बीच में अब

कुछ चीज़ें नई और पहली बार थीं। किसी भी चीज़ का पहली बार होना कितना ख़ास होता है न? जैसे माँ के गर्भ में बच्चे की पहली लात, माँ-बाप के लिए अपने बच्चे का पहली बार बोलना व चलना, विद्यालय का पहला दिन, पहला मित्र, पहला प्यार, पहली नौकरी, पहला चुंबन, आदि। जो पवित्रता और निर्मलता पहली बार में होती है, वह दूसरी बार में नहीं। कुसुम और साहिल के बीच में अब पहले से ज़्यादा नज़दीकियाँ बढ़ चुकी थीं। अब उनका रिश्ता वो पुराने सातवीं और आठवीं वाले कुसुम और साहिल जैसा नासमझ या बचकाना नहीं था। परंतु अब वो सातवीं और आठवीं कक्षा के जैसा पहला, नया, मासूम, मीठी टीस से भरा प्यार भी नहीं रहा था। कहने के लिए अब वो दोनों फिर एक साथ थे, मगर जब से कुणाल के साथ कुसुम को लेकर साहिल का झगड़ा हुआ था, तब से साहिल का किसी भी इंसान से भरोसा ही उठ चुका था। पहले जैसा वो साहिल वापस अब फिर कभी नहीं हो सकता था। हालाँकि इस घटना को काफ़ी समय हो चुका था। और इस बीते समय में बहुत कुछ बदलने के प्रसंग में बदल चुका था। जैसे अब वे दोनों स्कूल के अलावा भी बाहर एक-दूसरे से मिल लिया करते थे। पहली बार हाथों को पकड़ने से लेकर पहली बार होंठों को चूमने की सिहरन कभी दूसरी बार नहीं जी जा सकती। अब साहिल, प्रमोद व राज का झगड़ा सक्षम, कुणाल व अन्य लड़कों के साथ नहीं होता था। साहिल का शरीर अब तंदुरुस्त हो गया था और वज़न इतना तो हो ही चुका था कि कोई अब उसे हल्के में ना ले सके। साहिल, प्रमोद व राज की मित्रता की दुख की लाठी और सुख की लालटेन अब पहले से भी ज़्यादा मज़बूत हो गई थी। साहिल हालात का लेखक था और हालात पर अपनी अच्छी-ख़ासी पकड़ जमा चुका था। गिटार बजाने के साथ-साथ अब वो कुछ गाने भी लिख लिया करता। उसके हर गाने के हालात के ख़यालात कुसुम से ही शुरू होते। बारहवीं की परीक्षा नज़दीक थी। कुसुम के साथ भी सब ठीक ही चल रहा था, पर ठीक चलना भी

अच्छा नहीं सिर्फ़ ठीक ही है। कुसुम के माँ-बाप अब एक-दूसरे से अलग हो गए थे। कुसुम अपनी माँ और छोटे भाई के साथ रहती थी। माँ-बाप के अलग होने से कुसुम पर काफ़ी प्रभाव पड़ा था। वह अब पहले जैसी बच्ची नहीं रही थी। कुछ था उसके अंदर, जो टूट चुका था, जिसने उसको बड़ा बना दिया था। कुसुम और साहिल का वो पहले की तरह लंच ब्रेक में मिलना, हँसना, छुट्टी के वक़्त पार्क से होते हुए साथ में जाना, एक मैसेज के लिए घंटों प्रतीक्षा करना, सब कहीं पीछे छूट गया था और अतीत के अंत:सागर में कहीं डूब गया था।

कक्षा बारहवीं की परीक्षा में दो महीने से भी कम का समय बचा था। साहिल अब स्कूल कम जाता था, वह घर से ही पढ़ाई करता था।

बारहवीं की परीक्षा से पहले एक आख़िरी बार नौवीं से लेकर बारहवीं कक्षा के छात्रों के लिए स्कूल से एक ट्रिप मनाली जा रही थी। दो रात व तीन दिन की इस ट्रिप की ख़बर से सारी कक्षाओं के छात्रों में ख़ूब उत्साह था। स्कूल छूटने के बाद साहिल और कुसुम दोनों साथ पैदल उसके घर तक जा रहे होते हैं। कुसुम बहुत ख़ुश थी घर से कुछ दिन दूर ऐसी ही किसी ट्रिप के लिए, मानो वह सालों से इंतज़ार कर रही थी।

"साहिल, मैं बहुत समय बाद इतनी ख़ुश हूँ। मैं आज ही घर जा के माँ से बात करूँगी और पैसे माँग लूँगी। तुम भी अपने घर बात करना। बहुत मज़ा आएगा। कुछ समय साथ बिताने को तो मिलेगा। क्या पता एक साथ वक़्त गुज़ारने से हमारे रिश्ते में जो थोड़ी दरारें आ चुकी हैं, वो भी भर जाएँ!"

कुसुम की इस बात का साहिल के पास कोई जवाब नहीं होता, साहिल बस अपने जूतों की खुली हुई डोर को उसकी परछाईं पर नाचते हुए देखता रहता है। इतने में साहिल का घर क़रीब आ जाता है। कुसुम अब स्कूल की बस से घर नहीं जाती थी बल्कि डीटीसी बस से जाया करती थी। उसी सीधी सड़क पर और पाँच मिनट आगे चलकर बस स्टैंड आता था।

"मैं कल बताता हूँ तुम्हें।" कहकर साहिल एक दफ़ा कुसुम की ओर देखता है और अपनी गली में मुड़ जाता है।

साहिल अब बहुत शांत रहता था। न प्रमोद और राज से, न कुसुम से, अब वह किसी से ज़्यादा कुछ नहीं बोलता था। ऐसा नहीं था कि वो ख़ुश नहीं था। बस उसको अब अकेले रहने में ज़्यादा ख़ुशी मिलती थी। ऐसा नहीं था कि साहिल कुसुम और दोस्तों के साथ मनाली नहीं जाना चाहता था। दरअसल उन दिनों साहिल के घर की आर्थिक स्थिति सही नहीं थी। साहिल जानता था कि वह घर पर बोलेगा तो उसके माँ-बाप जैसे-तैसे इंतज़ाम करके उसे भेज ही देंगे, परंतु साहिल के मन ने ही उसे अनुमति नहीं दी कि वह घर पर अपने माता-पिता से बात करे। मुझे ऐसा लगता है कि इस संसार में हर इंसान दो बार मरता है। एक बार तो तब जब इंसान का केवल शरीर मरता है, परंतु उससे पहले तब जब एक इंसान के अंदर का बचपन मर जाता है। बड़े ख़ुशनसीब होते होंगे वो लोग जो सिर्फ़ एक बार ही मरते हैं। साहिल के अंदर का बच्चा अब बड़ा हो चुका था–

आज बड़ा हो गया है बच्चा मेरे अंदर का
अब स्कूल के बस्ते का भार हल्का लगता है
लैपटॉप बैग ने जो जगह ले ली है
निक्कर की बेल्ट ढीली नहीं है अब
पर ये टाई कुछ ज़्यादा ही टाइट है
माँ बाल नहीं बनाती अब रोज़ सुबह
पापा मोटरसाइकिल पर अब स्कूल छोड़ने नहीं जाते
अब होमवर्क न करने का डर नहीं लगता
अब छुट्टी के बाद पेड़ से शहतूत नहीं तोड़ता
अब कक्षा की आख़िरी बेंच पर नहीं बैठता
अब बारिश आने पर भीगते हुए घर नहीं जाता

पता नहीं क्यों अब पहले जैसा नहीं मुस्कराता
अब पानी है बस मेरी आँखों और समंदर का
साहिल आज बड़ा हो गया है बच्चा तेरे अंदर का

साहिल अपने मोबाइल फ़ोन की सफ़ेद स्क्रीन पर काले अक्षरों से ये लिख ही रहा होता है कि एक मैसेज आता है–

'साहिल, देखो कैसे भी करके प्लीज़ अपने घर पर बात कर ही लेना। हमें पहली बार ऐसा मौक़ा मिल रहा है। हमने कभी ऐसे साथ वक़्त नहीं बिताया और तुम्हारे स्कूल से निकलने के बाद न ही शायद आगे कोई ऐसा मौक़ा मिलेगा। मैं जानती हूँ कि अब तुम बहुत बदल चुके हो, और मैं इस बदलाव के पीछे का कारण होने की वजह से ख़ुद को हमेशा कोसती रहूँगी, पर साहिल, हम फिर से पहले जैसे हो सकते हैं। पुराने साहिल और कुसुम। तुम बस ट्रिप पर चल लो। मैं तुम्हारे हाँ के जवाब का इंतज़ार करूँगी।'

साहिल ये मैसेज बिना खोले ऊपर से ही नोटिफ़िकेशन से पढ़ लेता है ताकि कुसुम को कोई जवाब न देना पड़े। मन तो साहिल का भी बहुत था बाहर घूमने जाने का, उसे पता था कि आगे अब वो परीक्षा की तैयारी में लग जाएगा तो कहीं नहीं जा पाएगा और स्कूल से निकलने के बाद सब कुछ बदल जाएगा। पता नहीं तब वो कुसुम से कितना मिल पाएगा, कितना साथ रह पाएगा!

'मैं देखता हूँ, घर पर बात करता हूँ।' साहिल रिप्लाई कर देता है। लेकिन साहिल अपने घर में किसी को परेशान नहीं करना चाहता था।

अगले दिन साहिल बीमारी का बहाना बनाकर स्कूल जाना टाल देता है। आधा दिन यूँ ही बिस्तर पर लेटे हुए बिता देता है। खिड़की से आती धूप सिर से होती हुई अब उसके पाँव से आगे निकल गई थी। क़रीब तीन बज चुके थे कि कुसुम का मैसेज आता है– 'आज तुम आए क्यों नहीं?

सब ठीक ? बता तो देते।'

'थोड़ी तबीयत ख़राब थी। सोचा आज घर पर ही पढ़ लूँगा।'

'अच्छा, तुमने घर पर बात कर ली ? आज मैं पैसे लाई थी, पर अभी मैम को नहीं दिए मैंने। जब तुम दोगे तभी दूँगी मैं भी।'

साहिल थोड़ा परेशान हो जाता है। उसे समझ नहीं आता वो क्या करे। वो नहीं जा रहा इस वजह से कुसुम की स्कूल ट्रिप भी ख़राब हो जाएगी। साहिल कुसुम को झूठी सांत्वना देता है।

'हाँ मैंने घर पर बात कर ली है। मैं पैसे ले आऊँगा। तुम भी दे देना।' लिखकर साहिल फ़ोन बंद करके रख देता है।

अगले दिन भी साहिल स्कूल जाने से बचता है। क़रीब बारह बजे उसके फ़ोन पर किसी अज्ञात नंबर से घंटी बजती है। साहिल नींद में फ़ोन उठाता है तो दूसरी तरफ़ से कुसुम की आवाज़ आती है।

"हेलो साहिल! मैं कुसुम बोल रही हूँ। कुणाल के फ़ोन से स्कूल से छुप के कॉल कर रही हूँ तुम्हें। तुम आज भी नहीं आए। मैंने अपनी ट्रिप के पैसे दे दिए हैं और कल आख़िरी दिन है। तुम कल प्लीज़ स्कूल आ जाना और पैसे दे देना। देखो तुम नहीं चले तो मैं रूठ जाऊँगी तुमसे। कभी बात नहीं करूँगी। चलो मैं रखती हूँ कहीं पकड़ी न जाऊँ।" कहकर कुसुम फ़ोन रख देती है।

साहिल अभी नींद से ढंग से उठा भी नहीं था। ऊपर से फ़ोन उठाते ही कुसुम के मुँह से कुणाल सुनने के बाद साहिल के कानों में कोई बात नहीं गई। यहाँ कुसुम ने ट्रिप के पैसे दे दिए थे और दूसरी तरफ़ साहिल कुसुम से झूठा वादा कर चुका था कि वह भी चलेगा। साहिल बड़ी दुविधा में था– कल आख़िरी दिन है पैसे देने के लिए। कुसुम कितना नाराज़ होगी जब उसको पता चलेगा मैं नहीं चल रहा हूँ।

जैसे-तैसे दिन फिर गुज़रता है। साहिल अगले दिन फिर स्कूल ना जाकर कुसुम को मैसेज करता है।

‘देखो कुसुम, मुझे माफ़ कर देना! मेरी कल रात को तबीयत अचानक और बिगड़ गई। मैंने घर पर बात की थी, पर तुम भी जानती हो मेरी बारहवीं की परीक्षा है, अगर बाहर गया और तबीयत ज़्यादा बिगड़ी तो काफ़ी दिक़्क़त हो जाएगी। काश तुम मेरी परेशानी समझ पाओ। पर तुम जाना ट्रिप में, ख़ूब मज़े करना। केवल तीन दिन की तो बात है। सुधा भी होगी तुम्हारे साथ, तुम्हें ख़ूब मज़ा आएगा। अपना ध्यान रखना। आई एम सॉरी!’

कुसुम वहाँ साहिल के आज फिर छुट्टी करने पर तिलमिला उठती है– ‘आज आख़िरी दिन था पैसे देने का और वो नहीं आया। मैं उससे अब बात नहीं करूँगी।’

स्कूल छूटने के बाद घर जाकर कुसुम साहिल का भेजा मैसेज पढ़ती है, पर कोई रिप्लाई नहीं करती। कुसुम बहुत ज़्यादा चाहती थी कि साहिल चले। दूसरी ओर साहिल की भी अपनी परेशानियाँ थीं। दो दिन बाद स्कूल ट्रिप जानी थी। साहिल के साथ-साथ प्रमोद और राज भी ट्रिप पर नहीं जाते। दो दिन तक कुसुम का भी साहिल को कोई मैसेज या कॉल नहीं आता। जिस दिन स्कूल ट्रिप रात को निकलनी होती है कुसुम तब साहिल को मैसेज करती है।

‘अच्छा ठीक है। हमारी बस एक घंटे में निकलेगी। तुम अपना ध्यान रखना। अच्छे से पढ़ाई करना।’

अगले तीन दिन साहिल और कुसुम की बात न के बराबर ही हो पाती है। अधिकतर जब साहिल मैसेज करता तो कुसुम व्यस्त होती। तीन से चार घंटे प्रतीक्षा करने के बाद रिप्लाई आता तो उस वक़्त साहिल नहीं होता। साहिल के कॉल करने के हर प्रयास में कुसुम की तरफ से ‘यहाँ नेटवर्क नहीं आ रहा, चलो मुझे सुधा बुला रही है, अभी हम घूम रहे हैं’ जैसे जवाब आते। साहिल को कुसुम की बहुत याद आ रही थी। साहिल के लिए भी ये उसकी स्कूली ज़िंदगी की आख़िरी ट्रिप थी जिसमें वह नहीं जा पाया

था। जिसे आजकल की जेन ज़ेड (gen z) फोमो (fomo) का नाम देती है, साहिल बिलकुल उसी स्थिति से गुज़र रहा था। सोशल मीडिया पर कुसुम की सुंदर ड्रेस में साहिल की कक्षा के ही लड़कों के साथ फ़ोटो और कुणाल के साथ देखकर साहिल चाहकर भी अपने आँसू रोक नहीं पाया। दुख, ग़ुस्सा, जलन, ईर्ष्या, ग्लानि, डर, मलाल... ये सब शब्द एक साथ भी साहिल की उस वक़्त की स्थिति का वर्णन नहीं कर पाएँगे।

साहिल ने कुसुम को फिर कोई मैसेज नहीं किया। तीन दिन बाद वापस लौटकर कुसुम ने भी साहिल को कोई मैसेज नहीं किया। चौथे दिन साहिल स्कूल गया, मगर कुसुम नहीं आई थी। कुसुम ही क्या ट्रिप पर गए अधिकतर बच्चे छुट्टी पर ही थे। उस पूरे दिन कुसुम से साहिल की कोई बात नहीं हुई। अगले दिन फिर कुसुम छुट्टी पर थी। साहिल स्कूल गया। उसकी कक्षा के अधिकतर बच्चे और कुसुम की कक्षा के बच्चे साहिल को घूर रहे थे, उस पर हँस रहे थे। साहिल को कुछ समझ नहीं आ रहा था ये सब क्या हो रहा है। लंच ब्रेक के वक़्त फिर वही सब दुबारा होने लगा जो दसवीं कक्षा में उसके साथ होता था। प्रमोद और राज के साथ साहिल कॉरिडोर में खड़ा ही था कि तभी कुणाल सक्षम के साथ आता है।

"भाई देख, इस बार तेरा और कुसुम का सही में ख़त्म है। पता है मुझे दिल से बुरा लग रहा है तेरे लिए। इस बार तो मैं भी तेरे साथ ही हूँ। हम दोनों के साथ ही सही नहीं हुआ।"

"क्या मतलब? क्या बकवास कर रहा है? देख कुणाल, मैं कोई झगड़ा करने के मूड में नहीं हूँ। तू जा यहाँ से।"

"अच्छा-अच्छा, तू गरम क्यों हो रहा है! मैं वैसे भी तेरे साथ झगड़ने नहीं आया था। मैं तो तेरी भलाई के लिए आया था। देख तुझे जैसा लगता है न, कुसुम बिलकुल भी वैसी लड़की नहीं है। तुझे अभी मालूम नहीं ट्रिप पर क्या-क्या हुआ है। अगर तुझे पता लगेगा तो तू ख़ुद उसे छोड़ देगा।"

"मुझे कुछ भी नहीं जानना है। तू प्लीज़ जा अब यहाँ से।" साहिल

का चेहरा पीला पड़ चुका था। आँसू उसकी बाईं आँख के कोने में लटका हुआ था। कभी भी टपक पड़े के 'कभी' में पड़ा था।

साहिल की जब दसवीं बोर्ड्स की परीक्षा थी, तब भी वह इन सब से गुज़र चुका था। और कुणाल की बातों में आकर कुसुम से झगड़ने की ग़लती भी कर चुका था। पूरे स्कूल में यह बात फैल चुकी थी कि ट्रिप पर क्या-क्या हुआ, पर साहिल कुछ भी सुनने के लिए राज़ी नहीं था। किसी पर भी भरोसा नहीं किया जा सकता था। सिर्फ़ एकतरफ़ा बात सुनकर साहिल पहले भी कुसुम से झगड़ा कर चुका था, जिसके कारण दोनों अलग हो गए थे। साहिल वही भूल फिर नहीं दोहरा सकता था।

'जब तक मैं कुसुम से बात नहीं कर लेता, किसी की भी बात पर भरोसा नहीं किया जा सकता। घर जाकर मैं कुसुम से बात करूँगा।' साहिल सोचता है।

जैसे-तैसे बाक़ी का आधा दिन बीतता है और स्कूल की छुट्टी होती है। घर जाकर साहिल अपना फ़ोन देखता है तो कुसुम का एक मैसेज आया हुआ होता है।

'साहिल देखो, मुझे नहीं लगता अब हमें साथ रहना चाहिए। अब मैं थक चुकी हूँ। मुझसे अब और नहीं हो पाएगा। हर रिश्ते की एक उम्र होती है। जब कोई रिश्ता ख़ुद ही साँस कम ले पाने के कारण दम तोड़ देता है तो उसके आगे उसे खींचते रहने से रस्सी टूट जाती है और दूरियाँ बढ़ती रहती हैं। इससे पहले कि रिश्ता उस मोड़ पर टूटे और हम दोनों एक-दूसरे के साथ बिताए हुए पलों पर थूकें, हमें अलग हो जाना चाहिए। मैं जानती हूँ तुमने स्कूल में बहुत से बच्चों के मुँह से बहुत-सी बातें सुन ली होंगी, उस कुणाल ने तो ज़रूर कुछ-न-कुछ बोला ही होगा, पर देखो वैसा कुछ भी नहीं है। मेरे अलग होने के कारण दूसरे हैं जो मैं तुम्हें नहीं बता सकती कभी। तुम्हारे इम्तिहान आने वाले हैं, तुम अच्छे से तैयारी करना। बाय!'

साहिल के पैरों के नीचे ज़मीन नहीं थी, न सिर के ऊपर आसमान।

बस था तो घना अँधेरा। केवल तल्ख़ियाँ, सिर्फ़ तारीख़ियाँ। साहिल को पता था कि ऐसा कभी-न-कभी फिर होगा लेकिन फिर भी उसने पुरानी ग़लती दुबारा की। फिर कुसुम से प्यार किया। फिर उस गली में क़दम रखा जिसमें उसका मकान नहीं था। इस बार वह पूरी तरह टूट चुका था। परीक्षा नज़दीक थी। साहिल कुसुम को मैसेज कर ही रहा होता है कि उसे पता लगता है कि वह ब्लॉक हो चुका है। कुसुम की तस्वीर उसे नहीं दिख रही थी। उसके जीवन में भी कहीं नहीं। वह जितनी कोशिश करता है उसे याद न करने की, उतनी दफ़ा कुसुम की छवि उसकी आँखों में घूमने लगती है। जितनी बार कोशिश करता है पढ़ाई में मन लगाने की, उतनी बार उसका मन कुसुम को ही याद करता है। जितनी वो कोशिश करता है न रोने की, उतने ही आँसू उसकी पलकों से टूटकर गिरते हैं। अगला पूरा हफ़्ता साहिल स्कूल नहीं जाता। कुसुम की शक्ल साहिल नहीं देख सकता था।

कुछ दिन बीत जाने के बाद एक दिन शाम को अचानक साहिल को फिर अनजान नंबर से फ़ोन आता है।

"हेलो, साहिल? मैं कुणाल बोल रहा हूँ। देख मुझे तुझसे मिलना है। तू वहीं स्कूल के सामने वाली सड़क से बाईं ओर वाले अपार्टमेंट्स में रहता है न? मैं आ रहा हूँ।"

"हेलो हाँ, हाँ वही रहता हूँ। पर देख कुणाल, कोई भी बात करने का कुछ फ़ायदा नहीं है। मैं सब बातों को भूलना चाह रहा हूँ तो प्लीज़..."

"भाई देख, अगर भुलाना चाह रहा है तो भी सच्चाई से एक बार सामना करना पड़ेगा, और क्या पता उसके बाद मदद हो जाए सब भूलने में। देख मैं तेरी बुराई नहीं चाहता। माना पहले हमारे बीच में जो भी हुआ वो सही नहीं था। मैं उसके लिए तुझसे माफ़ी भी माँगता हूँ, पर एक बार मिलना चाहता हूँ।"

साहिल के पास इन सबका कोई जवाब नहीं था। 'एक बार मिल भी लूँगा तो ज़्यादा कुछ बिगड़ नहीं जाएगा।' साहिल ने सोचा।

"अ... अच्छा... अच्छा चल आजा।" कहकर साहिल उससे मिलने जाता है। कुछ देर बाद कुणाल स्कूटी पर आता है। दोनों नीचे गली में चक्कर काटने लगते हैं। कुछ देर चुप्पी बनी रहती है फिर कुणाल चुप्पी तोड़ते हुए कहता है।

"देख साहिल, जो कुछ भी तेरे साथ हुआ वो सही नहीं हुआ। मैं जानता हूँ कि तू उससे बहुत प्यार करता था। देख तू मुझे ग़लत समझेगा लेकिन हमारे बीच में भी जो हुआ, तब मैं भी कुसुम को पसंद करता था बस, और उसमें कोई ग़लत नहीं था। मुझे पता था तुम दोनों साथ थे मगर कुसुम ने मुझे ख़ुद अपने मुँह से बताया था कि वो तेरे साथ ख़ुश नहीं है। अगर मुझे तेरी तरफ़ से भी पता होता कि तू उससे इतना प्यार करता है और कुसुम ऐसी निकलेगी तो मैं तेरे साथ कभी वैसा नहीं करता।"

"अच्छा! देख कुणाल, मैं तेरी बात मानता हूँ, पर उस सबको अब दो साल बीत गए। तब मैं दसवीं में था और तू नौवीं में। पर इतने सालों में और ये सब झेलने के बाद मैं एक बात तो जान गया हूँ कि कभी भी एकतरफ़ा बात सुन के किसी की बात का भरोसा कर लेना और दूसरे इंसान के प्रति कोई तीसरा विचार बना लेना बहुत घातक होता है। और जो तू कुसुम के बारे में बुरा बोल रहा है वो मैं अभी भी नहीं सुन सकता, चाहे तू सच ही क्यों न बोल रहा हो। चाहे वो अच्छी हो या बुरी हो, एक वक़्त था जब मैंने उससे सच्चा प्यार किया था। मेरी कुसुम से पिछले तीन हफ़्तों से कोई बात नहीं हुई। उसने मुझे ब्लॉक कर रखा है। और फ़ोन भी नहीं मिलता। मुझे दिक़्क़त नहीं है इस बात से कि वो इस तरह से मुझे छोड़कर चली गई, लेकिन मैं बस एक बार वजह जानना चाहता था।"

कुणाल सब सुन लेने के बाद थोड़ी देर चुप रहता है। फिर कटाक्ष में हल्का मुस्कराता है।

"साहिल, मैं जानता हूँ कि तू एक अच्छा इंसान है। तुझे मेरी बातें सच लग रही हैं या झूठ, मुझे उससे ज़्यादा फ़र्क़ नहीं पड़ता। तू ये बता कि तू

गर्वित को जानता है ?"

"गर्वित ? मेरी कक्षा वाला गर्वित ?" साहिल आश्चर्य से पूछता है।

कुणाल ने कहा, "हाँ, वही।"

"हाँ जानता हूँ। मेरी उससे ज़्यादा कभी बनी नहीं। मैंने देखी थी उसकी और कुसुम की फ़ोटो सोशल मीडिया पर।"

कुणाल बोला, "भाई देख, मुझे पता है तुम पाँच साल से साथ थे, पता नहीं तुझे कैसा लगेगा या कौन-सा बेहतर तरीक़ा है ये बोलने का, मगर ट्रिप पर गर्वित और कुसुम ने एक-दूसरे को 'किस' किया था।" कुणाल की गर्दन नीचे थी। साहिल की आँखें आँसुओं से नम हो गईं।

कुसुम साहिल की ज़िंदगी में सुबह की कोयल के मीठे गीत की तरह आई थी और उसने शाम की तितली जैसे कई रंग भरे थे। लेकिन सुबह की कोयल और शाम की तितली को रात का चमगादड़ बनने में कभी देर नहीं लगती। दरवाज़े के पीछे कोई भूत खड़ा है का डर– काले उलझे माँझे वाला भूत। भूत का नाम अतीत। घंटी बजती है और दरवाज़े के पीछे कुसुम।

"कुसुम ?"

"साहिल... साहिल ?"

"साहिल ठीक हो तुम ?" कुणाल साहिल के कंधे पर हाथ रख उसे ज़ोर से हिलाता है। आँसू नहीं टपकते। आँसू आँखों में जिस रास्ते से आए थे वहीं से वापस चले जाते हैं।

"हाँ मैं ठीक हूँ।" साहिल कहता है, "जो भी तुमने मुझे बताया मुझे उसके बारे में कुछ नहीं सोचना है। मेरी परीक्षा नज़दीक आ रही है। मुझे पढ़ना है। मैं जा रहा हूँ।"

सफ़रनामा... आख़िर...

ब्लैकआउट

सभी का झूठ मेरा झूठ है।

मेरा सच सभी का सच नहीं।

डलहौजी से दिल्ली तक नौ घंटे के सफ़र में मैं कितनी देर सोया और कितनी देर लिख पाया मुझे ठीक-ठीक मालूम नहीं। कहानी पर काम करते हुए मैं लैपटॉप की सफ़ेद स्क्रीन पर खिड़की से बाहर रात से थोड़ा अँधेरा उधार माँग काले अक्षरों से कहानी सलेटी कर रहा था। थकान के कारण बीच-बीच में आँख लग जाती तो मैं अगली बार झटके से उठ उसी मात्रा से शुरू कर देता जहाँ से सपना अंदर आया था। या फिर मैं सो नहीं रहा था, सपना खुली आँखों से देख रहा था? साहिल की कहानी में कुसुम का अध्याय समाप्त हो चुका था। हाँ, साहिल की कहानी। कहानी कभी कुसुम की थी ही नहीं। अगर कहानी कुसुम की होती, कुसुम के नज़रिए से लिखी जाती, तो शायद सच का एक अलग रूपांतर आपके सामने होता। मैं इस उपन्यास में जिस अंश से इतने समय से दूर भाग रहा था वो हिस्सा आख़िरकार मैं लिख चुका था। कहीं-न-कहीं प्रभु जी और जनीना की उस कहानी ने मुझे बहुत मदद की। जैसे अपने पूरे जीवन में कष्ट भोगने के बाद, दुनिया से लड़ के उन्हें अंत में जनीना के साथ अपना जीवन बिताने का मौक़ा मिला। जिसके लिए वो कुछ भी कर सकते, वही उनका साथ छोड़कर चला गया। जो उनके जीने की वजह थी वो ख़ुद मर चुकी थी। साहिल की कहानी में इतने संघर्ष के बाद, जब साहिल कुसुम के साथ उम्र भर ख़ुश रह सकता था, तब कुसुम उसे छोड़कर जा चुकी थी।

हम दिल्ली बॉर्डर में प्रवेश कर चुके थे। सुबह के सात बज रहे थे

और एक घंटे बाद हम कश्मीरी गेट बस अड्डा पहुँचने वाले थे। नग़मा और ज़कात दोनों सो रहे थे। मैंने ज़कात को उठाया और नग़मा की ओर आँखों से इशारा करते हुए पूछा। ज़कात ने भी इशारे में अपनी गर्दन ना में घुमा दी।

"क्या हुआ ज़कात? देखो ये शायद आख़िरी बार ही है कि हम साथ हैं। हम बस थोड़ी देर में पहुँचने ही वाले हैं। अगर तुम्हें नग़मा से कुछ कहना है तो कह दो।" मैंने कहा।

"कहना तो मैं बहुत कुछ चाहता हूँ यार, पर तुम्हें मेरा पता तो है। अपने मन की सभी बातें मैं बस पन्ने में उतारने में ही आगे हूँ। जैसे ही बात बोलने पर आती है मेरी बोलती बंद हो जाती है।"

"देखो तो फिर लिख के इज़हार कर दो। और अगर तुम बोलो तो तुम्हारी तरफ़ से मैं..."

"नहीं-नहीं, यार मैं सोच रहा था कि हम दोस्त ही अच्छे हैं। देखो कल हम एक ही दिन में कितने अच्छे दोस्त बन चुके हैं। अगर मैंने दोस्ती आगे किसी और रिश्ते में बढ़ानी चाही और उसे अच्छा नहीं लगा तो सही नहीं होगा। हम दोस्त ही अच्छे हैं।"

"देखो तुम जो भी निर्णय लोगे मैं तुम्हारे पक्ष में ही हूँ हमेशा। लेकिन तुम्हें अभी और सोचना है तो सोच लो।"

"भाई कल पूरी रात से मेरे ज़ेहन में बस यही घूमे जा रहा है। शायद हम दोस्त से ज़्यादा कुछ नहीं हो सकते। और वैसे भी लड़कियों को लगता है कि उनके हर मर्द दोस्त की उनसे आख़िर में एक ही अपेक्षा रहती है। हर मर्द एक जैसा ही होता है। जो कि सही नहीं है। शायद ये एकतरफ़ा ही है। इसे वैसे ही रहने दो। इससे हमारे रिश्ते में हमेशा काश की गुंजाइश बनी रहेगी। और मुझे मेरी शायरी की प्रेरणा भी मिलती रहेगी। देखो ये कल रात मैंने लिखा...

तुम्हारे माथे पर सवार छोटी काली बिंदी

और कमर पर छोटे काले तिल के नाम

एक तो माथे पर सवार बिंदी ने उसकी समा भी क़ातिल कर दी। इतना काफ़ी नहीं था तो ख़ुदा ने उसकी कमर पर एक तिल भी शामिल कर दिया। वो एक उसकी छोटी-सी बिंदी में पूरी दुनिया नज़र आती है। अभी नई-सी मुहब्बत है, अभी नींद कहाँ आती है!

अभी नई-सी मुहब्बत है
उसके नाम का पहला अक्षर कई दफ़ा पन्ने पर लिख रातें काटी हैं
अभी नई-सी मुहब्बत है लोगों को बतलाने में शर्म-सी आती है
अभी नई-सी मुहब्बत है
उसकी बिखरी ज़ुल्फ़ों में सिमटी नज़रें भी बिखर जाती हैं
फूलों से भी उसकी ही ख़ुशबू आती है
अभी नई-सी मुहब्बत है
एकतरफ़ा ही सही मगर मुहब्बत है
अभी नई-सी मुहब्बत है...

कविता ख़त्म होते ही ज़कात ने पूछा, "कैसी है?"

"अच्छी लगी। तुम चाहो तो मैं तुम्हारी तरफ़ से उसे पकड़ा दूँगा ये पन्ना।" मैंने ज़कात से कहा। ज़कात ने अपना जवाब चुप्पी से देना ही बेहतर समझा।

हम बस अड्डे पहुँच चुके थे। साढ़े आठ बज रहे थे। सड़क पर ट्रैफ़िक और प्रदूषण ने हमारा स्वागत किया। बस से अपने बैग निकालते वक़्त हमने सोचा कि क्यों न एक आख़िरी बार सुबह का नाश्ता साथ कर लिया जाए!

हम पास में ही एक ढाबे में बैठकर गरम चाय और पराठे का ऑर्डर कर देते हैं। मैंने कल इतने समय बाद आख़िरकार उपन्यास का ये अध्याय लिख लिया था इसलिए मैं बेहद ख़ुश था। ज़कात ख़ुश दिखने का नाटक

कर रहा था और नग़मा भी कहीं खोई हुई थी। ज़कात की आँखों में तो यह साफ़ दिख रहा था कि वो नग़मा को अपना दिल दे चुका है, परंतु नग़मा के इस अलग बर्ताव के पीछे का कारण मैं समझ नहीं पा रहा था। क्या नग़मा भी ज़कात को पसंद करती है?

नाश्ता करने के बाद मैं और ज़कात वापस अपने घर तक का ऑटो कर लेते हैं और नग़मा को रास्ते में कश्मीरी गेट मेट्रो स्टेशन तक छोड़ देते हैं। ऑटो से उतरते वक़्त नग़मा हिचकिचाती हुई मुझसे बात करने के लिए एक बार मुझे बाहर बुलाती है।

"हाँ बोलो नग़मा, क्या हुआ?"

"मुझे पता नहीं मुझे ये कहना चाहिए या नहीं लेकिन आगे हम कभी मिलेंगे या नहीं मुझे पता नहीं। तुम्हें पता है... जब तुम उस दिन सुबह होटल में मेरा पियानो सुनते हुए मेरे कमरे में आए थे उसी पल से मैं तुम्हें पसंद करने लगी थी। हम दोनों ने एक साथ यात्रा के आख़िरी दिन में जितनी यादें बनाई हैं, मैं उन्हें हमेशा साथ रखूँगी। मैं जानती हूँ मैं उम्र में तुमसे तीन साल बड़ी हूँ लेकिन हमारी आर्ट में रुचि कितनी मिलती-जुलती है। क्या तुम मुझसे फिर मिलना पसंद करोगे?"

"नग़मा! ये तुम क्या कह रही हो? यह सब? कैसे?" नग़मा के मुँह से सब सुनकर मैं बेहद हैरान हो चुका था। ये कैसे हो सकता है? ज़कात वहाँ नग़मा को पसंद करता है और यहाँ नग़मा मुझे। नहीं ये मुमकिन नहीं है।

"सॉरी! मैं जानती थी कि तुमसे बात करना सही नहीं होगा। हमने एक दिन में जितने लम्हे जिए वो वहीं तक थे। यहाँ दिल्ली में तुम्हारी अपनी अलग ज़िंदगी है। मैं ख़ामख़ा ही..."

"नहीं वो बात नहीं है नग़मा। लेकिन मुझे बिल्कुल भी लगा नहीं था कि तुम... तुम मुझसे... देखो तुमने कुछ ग़लत नहीं किया लेकिन यह सब नहीं हो सकता। मैं चाहकर भी नहीं कर पाऊँगा।" मेरे बोलते ही नग़मा का सिर नीचे को झुक गया था।

“अच्छा, कोई नहीं। सुनो जो मैंने तुम्हें पन्ने पर संगीत लिखकर दिया था तुम उसे सुनना। मैं तुमसे इस वक़्त तुम्हारा फ़ोन नंबर, घर का पता, सोशल मीडिया, ये सब नहीं माँगूँगी। अगर कभी क़ुदरत ने चाहा तो हम फिर टकरा जाएँगे कहीं। वैसे भी दिल्ली बहुत बड़ी हो के भी बहुत छोटी है। चलो मैं चलती हूँ। तुम अपना ध्यान रखना।”

नग़मा को जाते देखने में मैं वहीं ऑटो के बाहर खड़ा, अपनी यात्रा में बिताया आख़िरी दिन जाता देख रहा था। मेरा गला सूख चुका था। अंदर से या बाहर से भी कोई आवाज़ नहीं आ रही थी। ट्रैफ़िक शांत था। ऑटो की आवाज़, ख़यालों की आवाज़, ज़कात की आवाज़ सब थम चुकी थी। बस हृदय के धड़कने की आवाज़ और नग़मा के पियानो नोट्स की आवाज़ थी। तभी अंदर से या बाहर से कहीं आवाज़ आई।

ज़कात ने पूछा था, “क्या हुआ, सब ठीक तो है? नग़मा क्या कह रही थी?”

“हैं! हाँ... नहीं... कुछ नहीं।”

“तुमने उससे उसका नंबर या पता क्यों नहीं लिया?” ज़कात ने बोला।

“नहीं, क्या करते? छोड़। तू ठीक है? चल चलें घर, मैं बहुत थक गया हूँ।”

हम ऑटो में बैठते हैं और अपने घर की तरफ़ निकल जाते हैं।

इंसान की बढ़ती जड़ें और पेड़ के बढ़ते नाख़ून

हम वापस घर लौट चुके थे। घर। माँ। घर और माँ। मेरे लिए घर और माँ एक ही हैं। घर और माँ के मायने एक हैं। केवल चार दिन की हमारी ये यात्रा चार वर्षों की लग रही थी। परंतु घर में घुसते ही माँ की ख़ुशबू आना आपको आपके ज़िंदा होने पर यक़ीन दिला देती है। हमारे बूढ़े घर ने, घर के बूढ़ों की तरह हमारा स्वागत किया। बूढ़े लोग और बूढ़ा घर इन दोनों के साथ ही इंसान की कितनी यादें छुपी होती हैं। आख़िर में बूढ़े लोग अपने चेहरे की लकीरें घर की दरारों के हवाले छोड़ जाते हैं। उनके ख़ुद के माथे की शिकन हट जाती है और बूढ़े घर के झुके कंधे और झुक जाते हैं। घर की बूढ़ी, कमज़ोर, झुकी हुईं हड्डियाँ, चेहरे से झड़ती हुईं पपड़ियाँ, धुँधलाई हुईं खिड़कियाँ, और खिड़की के बग़ल में बूढ़ी कुर्सी पर बैठी हुईं तन्हाइयाँ।

घर लौटकर मैं और ज़कात हम दोनों अपने-अपने आवेश में, भावनाओं में व ख़यालात की दुनिया में खोए हुए थे। ज़कात का नग़मा को लेकर अपना अलग मलाल था और मेरे आश्चर्य, अचंभे अलग। नग़मा एक अच्छी लड़की थी और मेरी मित्र भी हो चुकी थी। यदि ज़कात उसे पहले से पसंद न करता होता तो शायद मैं हाँ कह सकता था। परंतु आख़िर में नग़मा ने मुझसे जो कहा वो मैं कभी ज़कात को पता नहीं लगने

देना चाहता था।

काफ़ी दुखों के बीच में एक दुख ये भी था कि जिन नए बादलों की खोज में मैं यात्रा के लिए गया था वो मुझे नहीं मिले।

जब नए बादलों की तलाश में भी आकांक्षा, अभिलाषा प्राप्त नहीं हुई तो थोड़ा मन घबराया। घबराए हुए मन ने डर का सामना करते हुए सोचा कि क्यों बादल बादल नहीं हो सकते? बादल को अलग-अलग आकृतियों में महत्त्वाकांक्षाओं की बारिश लाने की इनायत नहीं है। क्यों बादल का हाथी, मछली, चींटी, जहाज़, घर, किताब, गिटार, फूल, पहाड़, छड़ी, ऐनक, टॉफ़ी, कार, अथवा होना ज़रूरी है? क्या बादल ये आकार बनकर नहीं बरसेंगे तो हम क्या वासना की बारिश में नहीं भीग पाएँगे? अब मैं बादलों के ऊपर बूढ़ी चील को उड़ते हुए देखता हूँ। चील का नाम मैंने आशा रखा है। मुझे चील-सी स्वच्छंदता की इच्छा है। इच्छाओं को पूर्ण करने के प्रसंग में बूढ़ी चील का एक पंख टूटकर मेरे पास में आ गिरता है। मैं पंख को क़लम और स्वच्छंदता को स्याही बनाकर अपना कल लिखता हूँ। ज़कात की 'अपने बादल ख़ुद बुन' वाली बात भी मेरे हृदय की गहराई में असर कर गई थी।

ख़ैर, इन सब दुखों के बीच में मुझे इस बात की बेहद ख़ुशी थी कि मैं किताब में साहिल और कुसुम वाला अध्याय ख़त्म कर चुका था। उपन्यास प्रकाशन के अपने सपने से मैं ख़ुद को अब काफ़ी नज़दीक महसूस कर रहा था। मुझे बस अब थोड़े दिन ही और लगन से काम करना था। परंतु मेरा मन शांत नहीं था। यात्रा और नग़मा की तस्वीरें दिल और दिमाग़ में घूम रही थीं।

हल्का महसूस करने के लिए काश मैं दिल का सारा बोझ कहीं और डालकर आ सकता। सबके घरों में एक वो कुर्सी होती है जिस पर बैठना आरामदायक नहीं होता। हम बिखरे हुए घर को घर-सा दिखने के लिए सारे कपड़े, तौलिए, बैग, बेल्ट, मोज़े इत्यादि उस कुर्सी पर ڈाल देते हैं।

काश दिल के घर में भी एक ऐसी कुर्सी होती। मैं दिल को दिल बनाने के लिए सारा बोझ उस एक कुर्सी पर डाल देता और अपने लेखन पर ध्यान लगा सकता।

मैं अपनी लिखने की कुर्सी बालकनी में रखता हूँ और ठान लेता हूँ कि जब तक इस उपन्यास में साहिल की कहानी का अगला अंश नहीं लिख लूँगा, तब तक कुर्सी से नहीं उठूँगा।

नए के आ जाने से पुराने की क़ीमत ख़त्म हो जाती है।

मेरे लिखने की कुर्सी अब बूढ़ी हो चली थी और बूढ़ी होने के साथ-साथ चीज़ें भूलने लगी थी। कुर्सी अब आराम देना भूल गई थी। भूल गई थी कि कब-कौन आकर उस पर बैठ रहा है। मैं अगले दिन बाज़ार जाकर नई कुर्सी ख़रीद लाया। नए के आ जाने से पुराने की क़ीमत ख़त्म हो जाती है। चाहे कुर्सी हो या लोग। पुराने के साथ बिताए हुए क़ीमती क्षणों का हम बाज़ार में मोल लगाने लगते हैं। नई कुर्सी पर आराम है, पर मैं अकेला महसूस कर रहा हूँ। पुरानी कुर्सी और लोगों के साथ बनाई कितनी यादें हम एक ख़ाली मोड़ देखकर छोड़ आते हैं। न जाने कितना कुछ मैंने उस कुर्सी पर बैठे लिखा था। मुझे डर है कि कहीं नई कुर्सी मेरा लेख भी अकेला न कर दे! कुछ पुराने लोगों को सँभालकर रख लेना चाहिए। मैं अपनी पुरानी कुर्सी वापस ले आया। कुर्सी का कमरे में होना मात्र ही अब अपनापन बनाए रखता है। जैसे पुराने लोगों का जीवन में होना। मैं उस कुर्सी पर बैठता नहीं, उसके बूढ़े कंधे पर अब बोझ नहीं डालना चाहता। कुर्सी के बग़ल ज़मीन पर बैठकर लिखता हूँ। लिखे में अपनापन बाक़ी है।

साहिल की बारहवीं कक्षा की बोर्ड परीक्षा नज़दीक थी। कुणाल से मुलाक़ात के बाद अब साहिल हमेशा अपने में ही गुम रहता था। जब से कुणाल ने साहिल को कुसुम और गर्वित की ट्रिप वाली बात बताई

थी तब से साहिल बदल चुका था। जैसे उसके अंदर की सारी भावनाएँ, पीड़ा, दुख, दर्द सब मर चुके थे। साहिल एक रोबोट की तरह रोज़ स्कूल जाता, घर आता, परीक्षा की तैयारी करता, जिम जाता, खाना खाता और सो जाता।

कभी-कभी साहिल ख़ुद से ये प्रश्न करता कि– 'मेरे साथ ही ऐसा क्यों होता है ? मैंने तो आज तक किसी का कुछ बुरा नहीं किया तो मुझे दुख क्यों भोगना पड़ता है ?' और हर बार अपने प्रश्न के जवाब में ख़ुद को एक प्रश्नचिह्न वाला उत्तर दे देता कि– 'जब तक दुख नहीं होगा तब तक ख़ुशी का पैमाना कैसे नापा जाएगा ?'

जब कोई इंसान टूट जाता है तो वो फिर कभी पहले जैसा नहीं हो पाता। कुसुम से अलग होने के बाद उसका दिल एक फटे हुए काग़ज़ की तरह हो चुका था। फटे काग़ज़ को कितनी ही देर कितना ही समय लगाकर एक-एक टुकड़ा वापस टेप से जोड़ लो वो फिर भी कभी पहले जैसा काग़ज़ नहीं बन पाता है।

यदि कोई व्यक्ति बहुत समय से बँधा रहता है तो उसे बेड़ी से छूट जाने पर भी एक बंदिश महसूस होती रहती है। काफ़ी समय से चुप रहने वाला व्यक्ति जब बोलता है तो टूटकर बिखर जाता है। बंदिश में बेड़ी से छूट जाने के बाद भी एक काला माँझा पैरों से बँधा रहता है। पैरों पर कुछ निशान हमेशा के लिए रह जाते हैं।

स्कूल की छुट्टियाँ पड़ने के बाद परीक्षा के बीच के दिनों में साहिल बस दिन-रात पढ़ते रहता था। इस बीच उसने अपने बाल बढ़ा लिए थे। उतने जितने इस समाज में लड़कों के लिए बढ़ाना अस्वीकार्य है। बिलकुल वैसे ही जैसे एक लड़की का गर्दन से छोटे बाल कटवा लेना। या एक लड़के का अपने से दस साल बड़ी उम्र की लड़की से प्यार कर लेना। या एक लड़की का अपने से पाँच साल छोटे लड़के से प्यार कर लेना। ये सारी बातें, ये सोच-विचार आजकल की दुनिया में भी कीड़ों की

तरह पनपते हैं। मैं अधिकतर अचंभे में रहता हूँ ये सोचकर कि समाज इतना बड़ा होकर इतनी छोटी सोच क्यों रखता है! अक्सर मैं किसी को एक बड़े बाल वाले लड़के को लड़की कहते हुए सुनता हूँ या एक लड़की जिसके चेहरे, हाथ या टाँगों पर बाल होते हैं, उसके बारे में सुनता हूँ कि उसे मर्द बोल दिया जाता है, दुख होता है कि हमारा समाज जा किस दिशा में रहा है?

साहिल ने भी परीक्षा के दौरान अपने बाल बढ़ा लिए थे और ऐसे सोच-विचार रखने वाले समाज में रहने वाले कई सदस्यों का उसे सामना करना पड़ता था। परीक्षाओं से पहले स्कूल का आख़िरी दिन था। साहिल, प्रमोद, और राज तीनों एक-दूसरे के साथ ख़ुश थे। हालाँकि स्कूल से कभी साहिल को कुछ ख़ास मिला नहीं था, परंतु जो कुछ यादें थीं उसकी अपने दोस्तों के साथ, कुसुम के साथ उनको साहिल हमेशा अपने साथ रखना चाहता था। फ़ेयरवेल के दिन साहिल अपने स्कूल कॉरिडोर में जहाँ वो और कुसुम खड़े होते थे, कक्षा की आख़िरी दो बेंच जहाँ साहिल, प्रमोद और राज बैठा करते थे, खेलने का मैदान जहाँ रोज़ सुबह वो अपने जूनियर्स को फ़ुटबॉल सिखाया करता था- हर जगह जहाँ उसने चौदह साल से यादें बनाई थीं उनकी तस्वीर ले लेता है। आख़िरी दिन उसे कुसुम भी दिखती है। कुसुम साहिल से अपनी आँखें बचाते हुए गर्वित के साथ खड़ी थी। आख़िर में किसी इंसान से अलग हो जाने के बाद आपको उसके साथ बिताए हुए अच्छे पल याद नहीं रहते। याद रहती है तो केवल आख़िरी वक़्त की हालत जिसमें या जिस वजह से आप उससे अलग हुए थे। वो हमेशा आपके साथ आपके जीवन में चिपके रहे जाते हैं। कुसुम साहिल के लिए अब आगे के आने वाले जीवन में एक ख़राब यादों की छिपकली बन चुकी थी जो उसे हर वक़्त अपनी छत पर उल्टी चिपकी हुई दिखेगी और 'कमरे में कोई है' का डर साहिल के मन में हमेशा के लिए बना रहेगा। परंतु एक सचाई यह भी है कि वक़्त आपको छिपकलियों के

साथ रहना भी सिखा देता है।

सुख कितनी देर से आता है और बहुत जल्दी चला भी जाता है। जबकि दुख आने में एक क्षण नहीं लगाता और उम्र भर आपके साथ चिपका रह जाता है। लेकिन एक चीज़ मैंने महसूस की है। आप कभी दुख के दिनों में भी बहुत ज़्यादा दुखी नहीं रह सकते। सुख या दुख कभी अकेले नहीं आते। जब भी मैं दो दिन से ज़्यादा यदि ख़ुश रह लूँ, तो दुख मुझे ढूँढ़ ही लेता है।

हर वक़्त सुख का घटते रहना किसी नए सुख के आने को बरमाना कर देता है। दुख के बाद सुख का आना सुख का असल उत्सव मनाना है।

आख़िर में सुख के क्षण साहिल को सूँघते हुए उसके जीवन में आ चुके थे। बारहवीं की परीक्षा ख़त्म होने के बाद परिणाम भी आ चुका था और साहिल काफ़ी अच्छे अंकों से सफल हो चुका था।

अब आगे साहिल को अपने जीवन की एक अलग, एक नई यात्रा भी शुरू करनी थी जिससे वो डर रहा था, घबरा रहा था। स्कूल की यात्रा अब ख़त्म हो चुकी थी और कॉलेज की चढ़ाई उसे शुरू करनी थी जिसकी उसे उत्तेजना तो थी ही, पर साथ में काफ़ी उत्कंठा भी– 'कैसा होगा कॉलेज? क्या होगा वहाँ? कैसे लोग होंगे?' जैसे बहुत सारे प्रश्नों के पत्थर उसकी चढ़ाई के रास्ते में बिछे हुए थे। जिस प्रकार कोई भी यात्रा सिर्फ़ एक मार्ग पर नहीं होती, यात्रा में ट्रेन, बस, टैक्सी, रिक्शा सब से होकर गुज़रना होता है, कभी तेज़ रफ़्तार में, कभी धीरे तो कभी रुके हुए स्थिर में, साहिल को उसके सामने ठीक ऐसी ही नई यात्रा खड़ी दिख रही थी।

जब मैंने साहिल को पहली बार देखा था

बारहवीं कक्षा में प्रथम स्थान पास होने के बाद साहिल दिल्ली विश्वविद्यालय में प्रवेश कर चुका था। स्कूल के बाद और कॉलेज शुरू होने के बीच में एक महीने में साहिल पहले से बेहतर हो चुका था। अपना ध्यान अब वो खेलकूद, जिम, म्यूज़िक और अपने लेखन पर लगाता था। साहिल जब तक छठी कक्षा में था वो बहुत सुंदर स्केच बनाता था। उसके घर वालों ने उसकी यह कला तभी पहचान ली थी जब वो चार साल का था। वो एक चित्र को इतनी बार बना चुका था कि एक वक़्त आया जब वो अपनी आँखें बंद करके भी वही चित्र हूबहू बना लेता था। घर से मिली शाबाशी को कमाई समझ उसने सोचा था कि वो बढ़िया कलाकार बनेगा। परंतु वो कलाकारी बस उसका शौक़ ही बनकर रह गई। फिर कुछ समय बाद उसके जीवन में फ़ुटबॉल आया। साहिल जब सातवीं कक्षा में था वो सोचता था कि एक दिन भारत का सबसे बड़ा फ़ुटबॉल खिलाड़ी बनेगा। परंतु उसका ये सपना भी सिर्फ़ दसवीं कक्षा में नेशनल लेवल पर खेलकर ख़त्म हो गया था। वक़्त के साथ-साथ उसे महसूस भी हो गया था कि वो काफ़ी पीछे है, अगर उसे एक बड़ा खिलाड़ी बनना था तो शायद और जल्दी शुरू करना चाहिए था। इसके साथ-साथ उसे यह भी महसूस हो चुका था कि भारत में जो दर्जा क्रिकेट को छोड़कर किसी और खेल का

है उस दर्जे के चलते तो वो ज़्यादा कुछ नहीं कर पाएगा।

ऐसा नहीं है कि और खेलों में खिलाड़ी देश का नाम ऊँचा नहीं कर रहे, लेकिन एक कड़वी सच्चाई यह भी है कि जब तक कोई एथलीट देश के लिए मेडल नहीं ले आता, उससे पहले तक वो सिर्फ़ संघर्ष ही करता रहता है। जब तक उस खिलाड़ी पर कोई फ़िल्म न बन जाए तब तक देश की अंधी जनता उसको पहचान पाने में असफल ही रहती है। सफलता की कहानियाँ होती हैं, असफल लोगों की कोई कहानी नहीं लिखी जाती। न पढ़ी जाती है, न सुनाई जाती है। असफलता आपको मजबूर करती है, और मजबूरी आपको मज़दूर। मज़दूरी से आती है सफलता की राह। क्या ही मजबूरी रही होगी उन खिलाड़ियों की जिन्हें कुश्ती लड़ते-लड़ते अपने ही हक़ के लिए लड़ने की नौबत आ जाती है और अपनी मेहनत से कमाए चमकते मेडल देश की काली नदियों में फेंकने तक का फ़ैसला करना पड़ता है।

ख़ैर, अब धीरे-धीरे उसकी ज़िंदगी से फ़ुटबॉल भी दूर जा रहा था। साहिल का फ़ुटबॉल का खिलाड़ी बनने का सपना उतनी तेज़ी से ही टूट गया जितनी तेज़ी से वो गोल मारा करता था। उसके बाद के समय में साहिल की गिटार पर ठीक-ठाक पकड़ बन चुकी थी और वो गाने लिख पाने की कला में विचरना शुरू कर चुका था। तब उसे लगता था कि वो एक अच्छा संगीतकार ज़रूर बन सकता है। कुसुम के लिए गिटार बजाना सीखने वाले साहिल के बारे में हालात से जन्मे लेखक साहिल ने कुछ समय बाद जाना कि उसके गले में वो बात नहीं है जो एक सिंगर में होती है। इसके बावजूद वो सीखता रहा। परिवार, दोस्त, और आस-पास के लोग उसे आर्टिस्ट और क्रिएटिव की उपाधि तो दे चुके थे, परंतु उसकी ज़िंदगी उसे अभी भी अधूरी लगती थी। यूँ तो उसने कॉलेज में एडमिशन ले लिया था, परंतु अपने जीवन का लक्ष्य वो अभी तक खोज नहीं पाया था। वो बस इतना जानता था कि वो कभी भी एक मज़दूर नहीं बन सकता।

एक कॉरपोरेट मज़दूर। आर्टिस्ट कहलाने की सिहरन उसके शरीर में तब तक उसके हाथ-पैर के बाल खड़े करती रही, जब तक कॉलेज में उसकी ज़िंदगी में थिएटर का प्रवेश नहीं हुआ।

अब अपना हीरो कॉलेज में था। अपने जीवन के आख़िर की खोज में एक बहुत लंबी पुस्तक के अगले अध्याय में। ये अध्याय छोटा ज़रूर रहा मगर उसकी आगे वाली ज़िंदगी में उसका योगदान शब्दों में बयान करना नाकाफ़ी होगा। यह किताब एक जीवनी क़तई नहीं है। जीवनी होती है सफल लोगों की। असफल लोगों का कुछ नहीं होता। लेकिन साहिल तो केवल एक उपन्यास का किरदार था। किरदार ने आख़िर तक की फ़ोटो नहीं ली थी। लेकिन लेखक ने आख़िर तक की फ़ोटो सोची ज़रूर थी। साहिल अब कॉलेज में था और वहाँ उसकी मुलाक़ात हुई थिएटर से। कहीं-न-कहीं उसका थिएटर करना ही एक वजह है कि मैं यह उपन्यास लिख पा रहा हूँ।

थिएटर साहिल की ज़िंदगी में एक अंजान व्यक्ति की तरह आया जिसको न साहिल ने पहले कभी देखा था, न उसके बारे में सुना था। परंतु थिएटर उसे अपना हमशक्ल लगा। थिएटर करने वाले हर आर्टिस्ट के कई कौशल होते हैं। जैसे कि पढ़ना व लिखना जो आपके विचारों को मज़बूत करते हैं, चित्र बनाना जो आपकी कल्पना के शिल्प को गहरा करते हैं, संगीत की रुचि व समझ रखना जो आपको ख़ुश रखते हैं। इन सभी कलाओं से परिचित तो साहिल हमेशा से ही था, परंतु एक्टिंग नाम की कला से अब वाक़िफ़ हो रहा था।

साहिल को पहली बार जब मैंने देखा था तब वह एक भोला, सहमा हुआ स्कूल का बच्चा था। वो कॉलेज में ख़ुद को एक विशाल समुद्र के बीच गुम नाव में महसूस कर रहा था। कॉलेज की दुनिया स्कूल की दुनिया से बेहद अलग थी। एक व्यस्त ज़िंदगी। इस भीड़-भड़ाके वाली ज़िंदगी से अलग दुनिया इस कार्यरत ज़िंदगी में अपने अंदर एक पूरा ब्रह्मांड लिए

हुए थी। जहाँ के लोग अपनी ही धुन, अपनी ही दुनिया के लोग थे। चहल-पहल, हँसी-मुस्कराहट, शोर-चुप्पी, खेल-कूद, भाग-दौड़, नफ़रत-प्यार से भरपूर दुनिया। स्टेज-स्ट्रीट, किताब-स्क्रिप्ट, कॉस्ट्यूम-प्रॉप, गिटार-डीजेम्बे, के बीच व्यस्त दुनिया। 'दीवानी होती तबीयत की दुनिया' से ले कर 'ये दुनिया अगर मिल भी जाए तो क्या है' की दुनिया।

न जाने इस दुनिया की तरफ़ साहिल के क़दम ख़ुद क्यों चलते चले गए। बिना कुछ सोचे-समझे, बिना कुछ जाने-बूझे, सचेत लेकिन सुप्त साहिल, खुला लेकिन गुप्त साहिल, सहमा लेकिन संदेह रहित साहिल, जैसे चकित लेकिन उत्तेजित साहिल। साहिल के क़दम 'इस थिएटर टोली का हिस्सा कैसे बनें' की प्रतिक्रिया में जाते हैं और अपना नाम ऑडिशन के लिए लिखवा आते हैं।

उस वक़्त दिल्ली विश्वविद्यालय में थिएटर का चलन चरम पर था जिसे दिल्ली यूनिवर्सिटी थिएटर सर्किट (डीयूटीसी) के नाम से जाना जाता था। मैं और साहिल एक ही कॉलेज में थे। उस कॉलेज की थिएटर संस्था के नाम का पहले से ही बोलबाला था। साहिल खो चुका था इस दुनिया में, वो बस इस जगह का हो जाना चाहता था, और इस जगह को अपना बना लेना चाहता था।

जब साहिल ने मुझे पहली बार देखा था।

वापस लौटे हमें तीन दिन हो चुके थे। ज़कात अधिकतर अपने कमरे में ही रहता था। मैं भी वापस लौटने के बाद किताब को उसके आख़िर तक पहुँचाने में व्यस्त हो चुका था। इतने समय बाद अपने लेखन के पास वापस लौटना अच्छा महसूस हो रहा था। कुछ चीज़ें थीं जो अभी भी सुंदर, ख़ुशबूदार, गुलाब के होने के बावजूद उसके नीचे काँटों की तरह मौजूद थीं जिनके कभी भी चुभ जाने का डर लगातार दिल और दिमाग़ में बना हुआ था। मेरे दिमाग़ में नग़मा के विचार विचर रहे थे। 'वह आदमी नया गरम कोट पहनकर चला गया विचार की तरह' विनोद कुमार शुक्ल के इस कविता-संग्रह में पृष्ठ 91 के आगे बुकमार्क की जगह नग़मा का दिया वो पियानो नोट्स का पन्ना रखा हुआ था जिसको मैं लगातार घूरे जा रहा था, इस आशा में कि थोड़ी देर और घूरने से वो संगीत नोट्स ख़ुद-ब-ख़ुद बजने लगेंगे। मैं ज़कात से बात नहीं कर पा रहा था जैसे मैंने उसके साथ कुछ ग़लत किया हो, लेकिन मैं चाह रहा था कि काश मैं नग़मा से दोबारा कभी मिल पाऊँ। दूसरी ओर ज़कात अपने कमरे में ख़ुद को बंद कर ग़म के घूँट भरे जा रहा था। मैं ज़कात को लेकर चिंता में था लेकिन मुझे यह भी मालूम है कि इस दुनिया में ज़कात के लिए उसकी शायरी से बड़ी कोई चीज़ नहीं है। शायरों की तरह ही ज़कात बिना इज़हार किए अपने

इज़हार करने को लिखता रहा। और मैं भी यहाँ अपनी मंज़िल के नज़दीक किताब के आख़िरी कुछ भाग को शब्दों की माला में पिरोए जा रहा था।

और वहाँ दूसरी ओर ऑडिशन के बाद साहिल का चयन नाट्य संस्था में हो चुका था। साहिल को कोई अंदाज़ा, कोई भनक नहीं थी कि उसकी ज़िंदगी आने वाले समय में अच्छे-बुरे हर तरीक़े से पूर्णतः बदलने वाली है। शुरुआत हुई थी स्ट्रीट थिएटर, यानी नुक्कड़ नाटक से।

काश मैं लफ़्ज़ों को पन्ने पर हूबहू उतार सकता, बिलकुल वैसे ही जैसे ख़याल मेरे मन में नाचते हैं। लेकिन मैं नुक्कड़ नाटक को किसी एक पंक्ति से लेकर एक पूरी किताब में भी व्यक्त करना चाहूँ तो भी नहीं कर सकता। अब आप इसके लिए मेरे अंदर के लेखक को दोष दे सकते हैं। लेकिन मेरे नज़रिए में नुक्कड़ को एक ग्रंथ में भी वर्णित कर देना नुक्कड़ की महानता पर संदेह करने जैसा है।

कई बार कैसे आपको कुछ लोगों से कितने कम समय में इतना प्यार हो जाता है, आप उनके इतने क़रीब आ जाते हो जैसे आप उन्हें सदियों से जानते हो। साहिल को थियेटर में कुछ ऐसे ही लोग मिले। वो साहिल का पहला दिन था। थिएटर से पहला परिचय था। शुरुआत हुई उसके थिएटर की कुछ बेसिक एक्सरसाइज़ और एक्टिविटीज़ से। एक एक्टर के लिए उसकी आवाज़ का महत्त्व होता है- आवाज़ का तेज़ और भारी होना, विशेष रूप से नुक्कड़ में जहाँ आपकी आवाज़ बिना माइक के, लोगों के बीच दूर तक जानी होती है। भाषा, उच्चारण, माइम, बॉडी लैंग्वेज, जेस्चर्स, एक्सप्रेशंस, रस-भाव, इन सबसे पहली मुलाक़ात। कुछ ही समय में साहिल को थियेटर ख़ुद के इतना क़रीब लगा जैसे बरसों से बस उसका ही इंतज़ार कर रहा था। कुछ समय में साहिल ने थिएटर को अपनी दूसरी माँ की उपाधि दे दी थी। मेरी दो माँएँ हैं, वो अक्सर कहता। थिएटर और माँ कितने एक-से हैं! जैसे माँ अपने बच्चे को शून्य से लेकर धीरे-धीरे सब कुछ सिखाती है, बिलकुल वैसे ही थिएटर में साहिल ने सब कुछ शून्य

से सीखना चालू किया।

जैसे माँ ने बचपन में हाथ पकड़कर चलना सिखाया था, थिएटर में रैंडम वॉक करते वक़्त पहले अपना सीखा-सिखाया चलना भुलाकर नए तौर से चलना यानी कैरेक्टर वॉक सिखाई जाती है। नए तरीक़े से बोलना, शब्द चयन करना, नए नज़रिए से दुनिया देखना, सब कुछ शून्य से सीखना चालू किया निरंतर आख़िर तक की ओर।

जैसे बचपन में माँ-बाप अपने बच्चों को हमेशा बस सच बोलना सिखाते हैं, थिएटर में उसने झूठ को भी ऐसे बोलना सीखा जैसे सच हो और दूसरों को भी झूठ एकदम सच लगे। शायद उसे ही अभिनेता कहते होंगे।

रात के ढाई बज रहे थे। मैं उपन्यास पर काम कर रहा था, परंतु मेरी आँखें थोड़ी भारी हो रही थीं। मेरा अधिकतर लेखन रात के सन्नाटों में होता है। अपनी डेस्क पर बैठे मुझे हल्की झपकी ने छुआ ही था कि ज़कात ने मेरे कमरे में प्रवेश किया।

"ज़कात तुम? आओ... ठीक हो? तुम अधिकतर तभी क्यों आते हो जब मुझे नींद आने वाली होती है?"

ज़कात चुप था।

"आओ बैठो।" मैं अपनी कुर्सी घुमाकर ज़कात को बिस्तर की तरफ़ इशारा करते हुए कहता हूँ।

"कुछ नहीं दोस्त। बहुत दिनों से कमरे में बैठा था, अभी मन बेहद बेचैन हो रहा था तो सोचा तुम्हारे पास... तुम्हारा लेखन कैसा चल रहा है?" ज़कात मुझसे पूछता है।

"माफ़ करना बहुत दिनों से मैं कमरे से नहीं निकला, तुमसे बात नहीं की, हाल नहीं पूछा। तुम कैसे हो?"

"अरे तुम इतनी औपचारिकता कब से करने लगे! सब ठीक है। लेखन

अच्छा चल रहा है। बस अपनी चरम सीमा के नज़दीक है।" मैंने कहा था।

"यह तो बहुत ख़ुशी की बात है। तो मुझे कब सौभाग्य मिल रहा तुम्हारी पहली किताब पढ़ने का?" ज़कात ने पूछा।

"तुम तो सब जानते ही हो। तुम्हें क्या पढ़ना। तुम्हारे बिना मैं इतना सब कभी नहीं लिख पाता।"

ज़कात, "तो पढ़ाओ अभी क्या लिख रहे थे, या क्या लिखने वाले थे?"

"साहिल की कहानी में थिएटर का आगमन हो चुका है। जब तुम मेरी ज़िंदगी में आए थे उससे थोड़े समय पहले की ही तो बात थी। अभी मैं बस थिएटर, माँ, नुक्कड़ नाटक, सच-झूठ, अभिनय और संघर्ष और 'हम' के बारे में ही लिख रहा था। अभी जब मेरी आँख लगी और तुम आए उससे पहले ऐसा कुछ सोच रहा था। पढ़के सुनाऊँ?"

और मैं पढ़ना शुरू करता हूँ– 'कभी ख़ुद की आँखों में खोए हो? कभी देखा है ख़ुद को खुली आँखों से सपने देखते हुए? किसी अभिनेता को अभिनय में जीते हुए देखा है? एक अभिनेता का सबसे गहरा, सबसे पक्का, हमेशा साथ देने वाला एक दोस्त– आईना! अभिनेता अपने पात्र को उतनी ही गहराई से जान सकता है जितनी गहराई से उसका प्रतिबिंब दर्पण में दिखता है। ऊपरी ख़ूबसूरती के लिए नहीं बल्कि अंदरूनी सुंदरता के लिए। आईने के सामने हर भाव की शक्लें बनाना, हर रस का आनंद लेना, इन्हीं दिनों में से एक दिन जब अभिनेता को दर्पण में अपनी शक्ल दिखाई न देकर अपने पात्र की शक्ल दिखने लगे तो वह जानवर से इंसान हो जाता है।'

पढ़ने के बाद मैंने पूछा, "कैसा है?"

ज़कात बोला, "सुनने में तो अच्छा लग रहा है।"

"ज़कात तुम्हें पता है, थिएटर का एक अकथित नियम है कि जब भी रिहर्सल में प्रवेश करो अपने सारे दुख, डर, चिंताएँ, परेशानियाँ बाहर

छोड़कर आओ। जब मैंने साहिल को पहली बार देखा था अपने कॉलेज के कॉम्प्लेक्स गेट के बाहर से, जैसे वो स्कूल के दिनों को, कुसुम को, और मुझे छोड़कर थिएटर में क़दम रखने गया हो।"

एकदम से ये कहते हुए मेरी आँखें नम पड़ गईं।

"ज़कात मैं उस दिन बहुत ख़ुश था। जब मैंने साहिल को पहली बार देखा था। उसका होना महसूस किया था। जब साहिल ने मुझे पहली बार देखा था। जैसे आख़िर को आईने में देखना। ख़ुद का प्रतिबिंब दर्पण..."

"साहिल, मुझे मालूम है नग़मा ने तुम्हें ऑटो के बाहर क्या बोला था।" ज़कात अकस्मात मुझे बीच में काटते हुए बोल पड़ा था।

मैं उठ खड़ा हुआ। मैं स्थिर था। मन अतिसक्रिय। सब कुछ रुक पड़ा था। कहानी में एक अजब मोड़ था।

"साहिल..."

मैं प्रेज़ेंट था, इंद्रियाँ एब्सेंट।

"साहिल..."

ख़ामोशी चारों ओर खड़ी, बैठी और लेटी हुई, धुँधली दिखाई पड़ रही थी।

"साहिल सुनो!" कान में दबा हुआ शोर था। सीटी बज रही थी। ज़कात ने मुझे कंधों से पकड़ झँझोड़ते हुए कहा।

"अह हाँ... हाँ बोलो?"

"ठीक हो तुम?"

"तुम्हें पता था?"

"हाँ।"

"पहले क्यों नहीं बोले कुछ?"

"मैं तुमसे निराश नहीं हूँ साहिल।"

"लेकिन? पहले क्यों नहीं बोले कुछ? मैं... मुझे कुछ समझ नहीं आ

रहा है।" और मैं बोलता हुआ कुर्सी पर बैठ गया था।

"मैं ख़ुद बहुत परेशान था। तुम्हारी वजह से नहीं। लेकिन पता नहीं।" ज़कात ने मेरे पास आकर कंधे पर हाथ रखकर कहा।

"तुम्हें कब पता लगा? कैसे?" मैं पूछता हूँ।

"याद है जब हम गंजी पहाड़ी पर चढ़ाई कर रहे थे? तुम पीछे चल रहे थे, मैं और नग़मा आगे। तब उसने मुझे ख़ुद बोला।"

"और तुम जानते थे? तुमने तब ही उसे नहीं बताया कि तुम... तुम अब क्यों बता रहे हो यार ये सब? मुझे चैन नहीं पड़ रहा।"

"देखो साहिल। मैं माफ़ी माँगता हूँ। मैं उसे पसंद करने लगा था, मैं उसे कुछ कह पाता उसने उससे पहले ही मुझे बताया कि वो तुम्हें पसंद करने लगी है। मैं हैरान था, परेशान था।" ज़कात के पैर बोलते-बोलते ज़ोर-ज़ोर से हिलने लगे थे। जब भी वो व्याकुल होता, अपने पैर ज़ोर से हिलाने लगता था। मैंने अपना दाहिना हाथ उसके घुटनों पर रखा।

"तुम्हें माफ़ी माँगने की कोई ज़रूरत नहीं है ज़कात। बड़ा अभागा प्रसंग है। तुम नग़मा को पसंद करते थे तुमने मुझे बताया, पर उसे बता न सके। नग़मा मुझे पसंद करती थी, उसने तुम्हें बताया। मैं तुम्हें बोलता रहा कि तुम इज़हार करो। नग़मा ने मुझसे इज़हार किया और मैं तुम्हारे..."

"अगर मैं बीच में न होता और नग़मा तुम्हें कहीं और कभी मिलती, तुमसे प्यार का इज़हार करती तो क्या तुम...?" ज़कात मेरी ओर देखता है।

"हाँ, शायद!" मैं ज़कात की ओर देखता हूँ।

"देखो मैं तुम्हारे और कुसुम के बारे में सब जानता हूँ। कुसुम के बाद नग़मा दूसरी लड़की थी जो तुम्हारी ज़िंदगी में आई। तुम्हें उसकी ज़रूरत थी। नग़मा अच्छी लड़की थी। काश मैं बीच में न होता!"

"ज़कात यूँ न कहो। अब जो हुआ, सो हुआ। अच्छे-बुरे वक़्त को छोड़ आगे बढ़ जाना ही ज़िंदगी है। इसमें न तुम्हारी ग़लती है, न नग़मा की

और न मेरी। हम सब ग्रे हैं। न काले, न सफ़ेद।"

और उस रात मैं और ज़कात ख़ूब हँसे। ख़ूब रोए। और बहुत देर तक सोए।

In the chaos of theatre is where I find my serenity. In the busy life of theatre is where my peace lies.

ज़काात और मेरा हमेशा से ऐसा ही था। यदि कभी हमारे बीच कुछ अनबन हो भी जाती थी तो दो घंटे से ज़्यादा नहीं टिक पाती थी। नग़मा किसी नग़मे की तरह ही हमारी ज़िंदगी में आई थी, कुछ देर हमारे लबों पर ठहरी और चली गई थी।

अगले दिन सब नया था, लेकिन वही पुराना। जिस पुराने की हमें आदत है लेकिन एक नए ढंग से। मैं आख़िर के नज़दीक था तो लिखने में ख़ुद को बेहद समर्पित कर रखा था।

उन दिनों साहिल की ज़िंदगी का बहुधा हिस्सा थिएटर के ही नाम था। उसके स्ट्रीट थिएटर में क़दम जमने लगे थे। संगीत में ख़ासा ज्ञान होने के कारण नुक्कड़ में अधिकतर वो मंडली का हिस्सा रहता था और मंडली उसका। डीजेम्ब, गिटार, ढोलक, ड्रम, शरीर के अंग थे। नुक्कड़ हुआ और ख़ूब हुआ। पहला नाटक। नुक्कड़ ने उसे वो सब दिया जो उसके पास नहीं था। साहिल स्कूल में अधिकतर सबसे दूर रहता था, शांत रहता था। प्रमोद और राज के सिवा किसी के साथ हँस-खेल नहीं पाता था। जिसका स्कूल के दिनों में बुली का अपना इतिहास था, वही साहिल कॉलेज में आकर थिएटर को पाने के बाद एक अलग ढंग का जीवन जीना सीख रहा था। हरदम चुप रहने वाला साहिल नुक्कड़ के घेरे में प्रवेश करने के बाद बोला, चीख़ा, गाया, और क्या ख़ूब मचाया। अनाथ बच्चों, मानसिक स्वास्थ्य और जाति से जुड़े नुक्कड़ नाटक से छा गया। नुक्कड़ का सर्वप्रथम लक्ष्य समाज में जागरूकता फैलाना। साथ ही ख़ुद की जागरूकता भी बढ़ी। नुक्कड़ से साहिल के सोचने और समझने की क्षमता में काफ़ी बदलाव आया। अपनी विचारधारा, अपने सिद्धांतों का जन्म हुआ। मैंने जाना है कि जो-जो थिएटर की दुनिया में आया है अपने

साथ अपने सोच-विचार, अपनी थ्योरी, आइडियोलॉजी लाया है, परंतु हर बार उसको क्रिटिसाइज़ करने के लिए लोग उससे पहले आए हैं। इसी बीच साहिल की कुछ ऐसे लोगों से भी मुलाक़ात हुई जिन्हें संकीर्ण बुद्धि की गिनती में शामिल किया जा सकता है। औरतों, विकलांगों के प्रति नीची, अपमानजनक, विद्वेषपूर्ण, भावना रखने वाले लोग भी मिले जिनका हथियार हुआ करता था 'मज़ाक़'। थिएटर को नहीं है ज़रूरत ऐसे विद्वान युवाओं की।

यह सब लिखते हुए मैं वही आक्रोश महसूस कर रहा था जो मैंने ऐसे कुछ लोगों के मुँह से ऐसी बातें सुनते वक़्त किया था। दोपहर के तीन बज रहे थे। ज़कात सोफ़े पर बैठा किताब पढ़ रहा था। सुबह से लगातार लिखने के कारण लैपटॉप की बैटरी ख़त्म होने को थी। बैठे-बैठे पीठ अकड़ चुकी थी और सिर चकराने लगा था।

"तुमने महसूस किया, चार-पाँच दिन से जब से हम यात्रा से घर लौटे हैं, कहीं बाहर नहीं निकले?" ज़कात ने अपनी किताब में देखते हुए कहा था।

वाक़ई हम जब से हिमाचल से आए हैं, घर से बाहर निकलकर साँस नहीं ली। दिल्ली में बाहर खुली हवा के नाम पर हमारे पास केवल पार्क ही था।

"हाँ बात तो सही है। मैं भी बैठे-बैठे थक गया। चलें कहीं?" मैंने ज़कात से पूछा था।

और कुछ देर पश्चात ही हम मार्केट में थे। टहलते हुए हमने एक किताबघर में प्रवेश किया। ज़कात को शायरी की कुछ किताबें लेनी थीं। उसने गुलज़ार साहब द्वारा लिखित 'पुखराज' व 'रात पशमीने की' ख़रीदी थी। मैंने भी लगे हाथ फ्रेडरिक नीत्शे की एक किताब 'गॉड इज़ डेड' (God is dead by Friedrich Nietzsche) उठा ली थी। किताबें लेने के बाद हम एक कैफ़े में बैठे। वापस लौटते वक़्त मेरी नज़रें घर

के पास रास्ते में एक नई म्यूज़िक शॉप पर पड़ी। मेरे क़दम बिना मेरी सुने दुकान की ओर बढ़ जाते हैं। जब से मैं हिमाचल से वापस लौटा हूँ मेरे ज़ेहन में सिर्फ़ नग़मा का पियानो बजाते हुए समय का चित्र घूमता रहता है। कहीं-न-कहीं बचपन से ही मेरे अंदर अलग-अलग प्रकार के म्यूज़िकल इंस्ट्रूमेंट्स सीखने की लालसा थी। और यह लालसा थिएटर के साथ मेरा और इंस्ट्रूमेंट्स का रिश्ता और भी पक्का कर चुकी थी। मेरी नज़र दुकान में पड़े एक सुंदर पियानो की तरफ़ पड़ती है और कुछ देर में मैं उस पियानो के साथ अपने कमरे में था। गिटार बजाने और गाने लिखने के साथ अब पियानो बजाना भी मैं शुरू कर चुका था। मैं दोपहर में देर से उठने के पश्चात शाम में संगीत में लीन रहता और फिर रात में लेखन करता।

कुछ समय बीता। नुक्कड़ में अन्वेषण करने के बाद साहिल को थिएटर ने जीवन में वो दिया, मैं आज यहाँ जितना भी लिख पा रहा हूँ उसकी बदौलत ही लिख पा रहा हूँ। मैंने उपन्यास के शुरू में आप सभी को बताया था कि साहिल जो कुछ भी लिखता था उसको किसी भी शायरी, ग़ज़ल, नज़्म, कविता, कहानी, अफ़साने का दर्जा नहीं दिया जा सकता था। उसके लेखन का नाम था 'बस यूँ ही'। परंतु थियेटर ने उसके इस 'बस यूँ ही' नाम के लेखन को एक पहचान दी। स्ट्रीट थिएटर में पैर जमा लेने के बाद उसे मौक़ा मिला स्टेज में पर फैलाने का। अब तक साहिल के जीवन में साहित्य ने क़दम नहीं रखा था। पढ़ाई से हमेशा दूर भागने वाला साहिल, साहित्य की किताबों को पढ़ना भी उबाऊ समझता था। फिर थिएटर में स्टेज से परिचय करते वक़्त उसे पता चला कि प्ले क्या होता है, स्क्रिप्ट क्या होती है। स्ट्रीट और स्टेज थिएटर के दो अलग विंग की दूरी में कितनी दूरी होती है।

उसकी ज़िंदगी का पहला प्ले जो उसने पढ़ा वो था मानव कौल द्वारा लिखित 'हाथ का आया ? शून्य'। उस नाटक को समझते, डिकोड करते

उसने जाना कि साहित्य क्या चीज़ है, समाज की सामान्य लेकिन जटिल विषयवस्तु को भी सीधे-सीधे न लिख अलग-अलग प्रकार की लिटरेरी डिवाइस इस्तेमाल करके कैसे लिखा जा सकता है। प्लॉट, कैरेक्टर, डायलॉग, थीम, मेटाफर, सिंबॉलिज़्म, कॉस्ट्यूम, मेकअप, प्रॉप, लाइट, साउंड, बैकस्टेज जैसे कई शब्द शून्य की परिधि पर ही घूम रहे थे। एक दिन बाढ़ आने का डर, और त्रासदी के पहले के क्षण में मैं अपनी नाव और नाल खोज रहा था। स्टेज में काम करते वक़्त मुझे एक नया अज़ीज़ मित्र मिला। उसका नाम अजय था। अजय बचपन से साहित्य में था। हिंदी-अँग्रेज़ी के कितने नाटक, क्लासिक उपन्यास, पोएट्री, हर दिशा में उसका ख़ासा ज्ञान था। उसने साहित्य से मेरा परिचय करवाया। 'हाथ का आया शून्य' पढ़ा तो बादल सरकार द्वारा लिखित 'इंदरजीत' पढ़ गया। मानव कौल का लेखन दिल-दिमाग़ हर जगह घर कर चुका था। एक-एक कर उनकी सारी किताबें, कविता संग्रह, कहानी-संग्रह, उपन्यास सब पढ़ डाला। थिएटर के चारों स्तंभ, मोहन राकेश, बादल सरकार, गिरीश कर्नाड, विजय तेंदुलकर को भी पढ़ गया। साहिल को शायरी का शौक़ स्कूल के दिनों से था तो जॉन, साहिर, फैज़, फ़राज़ सबने दरवाज़े पर दस्तक दी। साथ चलकर मंटो-चुग़ताई भी आए। हिंदी, अँग्रेज़ी और उर्दू के उपन्यास, कहानी, कविताओं ने बुक शेल्फ़ में घर बसाया। और इसी के साथ लेखन भी खिड़की से झाँकता हुआ, बिस्तर पर आ बैठा।

पहला स्टेज प्ले हुआ और शानदार हुआ। मानव के अन्य नाटक पढ़े गए। इलहाम, पार्क, चुहल, शक्कर के पाँच दाने, पीले स्कूटर वाला आदमी... सब पढ़ने के बाद साहिल मंत्रमुग्ध हो उठा। हाथ का आया शून्य के बाद 'शून्य' ने मुझे अपने घेरे में जकड़ लिया था। कितना छोटा होकर भी कितना शानदार है यह शब्द। अपने अंदर एक दुनिया बसाए लेकिन नाम फिर भी शून्य कहलाए। और फिर एक रात आया एक सपना। आख़िर तक का सपना और निकल पड़ा साहिल आख़िर तक की खोज

में। साहिल ने लिखना शुरू किया, कविताएँ लिखीं, कहानियाँ लिखीं, और फिर एक दिन बिना कुछ सोचे-समझे, बिना कुछ जाने-बूझे उसने लैपटॉप खोला। शीर्षक डाल दिया– 'शून्य से आख़िर तक'। और कुछ घंटों बाद उसने पाया कि वो एक उपन्यास लिख रहा है जिसके शुरुआती दो अध्याय भी लिखे जा चुके थे। शुरुआती जोश में साहिल बिना सोचे कि उपन्यास क्या है, क्यों है, बिना ख़ुद से कोई प्रश्न पूछे, बिना ख़ुद को कोई उत्तर दिए बस लिखे जा रहा था। थोड़ा लिख लेने के बाद सबसे पहले उसने अपनी बड़ी बहन को बताया। बहन ने ख़ूब प्रोत्साहन दिया। फिर माँ को पढ़ाया तो माँ भी बेहद ख़ुश हुईं। फिर ज़कात का प्रवेश हुआ। अजय को बतलाया। और तब पढ़ते ही अजय का एक सीधा सपाट सवाल आया था।

"जब तू मानव कौल से इतना प्रभावित है, तेरे लिखे से उनके लिखे-सी सुगंध साफ़ झलक रही है तो कोई तुझे क्यों पढ़ेगा?"

सवाल करारा था। मैं सोच में पड़ गया। इस प्रश्न ने मुझे छह दिन तक जकड़े रखा, पर फिर सातवें दिन मुझे कुछ उत्तर मिला।

मैंने अजय से तब कहा था, "ज़रूरी नहीं तुम्हारा लिखने का तरीक़ा किसी और से मेल खाता है तो तुम अपना ओरिजिनल नहीं लिखते।

"तुमने मेरे शुरुआती लेखन पर कहा कि मानव जैसी सुगंध आ रही है, मेरे लिए वही बहुत बड़ी बात है। मेरे हिसाब से मुझे ऐसा लगता है कि यदि कोई भी लेखक किसी भी प्रकार का लेख लिखता है तो उसका जन्म उसके अपने निज से होता है।"

"लेखक के लेख का जन्म उसके अपने निज से। हम्म... हाँ तो वो मैं जानता हूँ। अरस्तू भी अपनी पोएटिक्स में कहते हैं कि इस दुनिया में कुछ ओरिजिनल नहीं है। सब किसी-न-किसी से प्रभावित होते हैं और आर्ट उसकी अनुकृति होती है। जिस लेखक से तुम प्रभावित हो, वो लेखक किसी और लेखक से प्रभावित होगा।" अजय बोला था।

"मानव कौल के लेख से मुझे विनोद कुमार शुक्ल, निर्मल वर्मा जैसे

लेखकों की सुगंध आती है। और वो ख़ुद बोलते भी हैं कि उनका कितना प्रभाव पड़ा है उन पर। इसमें जो मानव के लिए शुक्ल और वर्मा हैं, मानव मेरे लिए वो हैं।"

लेखन खाना पकाने जैसा है। किसी और की रेसिपी से आप उसके जैसा खाना पका सकते हैं, परंतु वो कभी भी एक-सा स्वाद नहीं देगा। मेरे लेखन से मानव कौल के लेखन की ख़ुशबू ज़रूर आती हो, पर उसका स्वाद मेरे अपने पकाए खाने का है। अब वो स्वादिष्ट है या नहीं, उसका स्वाद आपकी जीभ पर है, आप बताएँ।

एक आस्तिक श्रद्धालु भक्त हमेशा दूसरों को भगवान में और ज़्यादा मानने को कहता है, परंतु एक नास्तिक कभी आपको भगवान में न मानने के लिए नहीं कहता।

शाम क़रीब-क़रीब पाँच बजे का समय था। बाहर बारिश बूँद-बूँद गिर रही थी। भीतर गाइड मूवी के गाने बज रहे थे– 'वहाँ कौन है तेरा मुसाफ़िर...'। मैं, ज़कात और अजय बैठे हुए थे। बातें चल रही थीं। अधिकतर हमारे बीच बातों का मुद्दा होती 'ज़िंदगी'। किसकी ज़िंदगी में क्या चल रहा है, क्या हो रहा है सब पर घंटों चर्चे होते थे। तीनों की ज़िंदगी में आर्ट नाम का धागा समान था जिसने ज़िंदगी नाम के मोती पिरो रखे थे। हर बार बात 'और क्या चल रहा लाइफ़ में?' से शुरू होती और आख़िर में साहित्य, सिनेमा, संगीत, थिएटर पर जाकर ख़त्म होती। साहित्य में मंटो साहब की कहानी 'काली सलवार' पर बात छिड़ी, सिनेमा में गुरुदत्त और सत्यजीत राय की 'प्यासा' और 'पथेर पांचाली' पर बात चली। थिएटर में स्टैनिस्लावस्की की विधियों पर चर्चा हुई। संगीत की बात छिड़ी तो साहिर लुधियानवी के बोल से लेकर किशोर, मुकेश, रफ़ी की आवाज़ से होते हुए क्वीन के फ्रेडी मर्करी और टेलर स्विफ्ट की बातें हुईं। जब भी हम तीन मिल जाते तो यूँ ही बातें छिड़ जाया करती थीं। शाम-रात बातों में निकला करती थी, समय का पता नहीं चलता था। मेरी और अजय की दोस्ती भी अलग मुकाम पर थी। पूरी दिल्ली में कोई जगह ऐसी नहीं बची थी जहाँ आधी रात में हम पैदल नहीं चल चुके थे। मंडी हाउस से नाटक देखने के बाद, इंडिया गेट से बँगला साहिब सब रास्ते पैदल ही तय हुआ करते थे। और साहित्य-सिनेमा पर ख़ूब चर्चे होते। समय बीत रहा था। कॉलेज में हमारे दूसरे साल की शुरुआत हो चुकी थी। दिल्ली थिएटर सर्किट में ऐसा कोई कॉलेज नहीं बचा था जहाँ जाकर हमने नाटक नहीं किया था। मेरे और अजय के साथ हमारे साल में एक लड़की और थी जिसका नाम

अनामिका था। अनामिका को आगे थिएटर में नहीं जाना था, वो पढ़ाई में ज़्यादा आगे थी।

दूसरे साल में प्रवेश करते ही थिएटर के मायने थोड़े बदल चुके थे। मुश्किलें बढ़ चुकी थीं। थिएटर का दूसरा चेहरा सामने था। थिएटर में जितना मज़ा है, जितना असल ज़िंदगी से पलायन है उतना ही उसका असल ज़िंदगी पर प्रभाव भी है। थिएटर ने मानसिक और शारीरिक रूप से निचोड़ना शुरू कर दिया था। नाटक बन रहे थे। ख़ूब किए जा रहे थे। परंतु आर्ट से हटकर और भी कहीं बाहरी कड़ियाँ जुड़ चुकी थीं। फिर भी थिएटर करना था और करने की ज़िद में किए जा रहे थे। भूख थी। भूख अलग-अलग प्रकार की होती है। कुछ खाने से और बढ़ती है। जैसे हवस या दौलत की भूख। थिएटर की भूख भी वैसी ही थी। थिएटर को जितना खाओगे भूख उतनी बढ़ती है। भूख कभी मिटती नहीं और जीवन कभी निमटता नहीं। लगता था यह एक काम कर लेंगे तो फिर चैन मिलेगा, मज़े करेंगे, मगर एक के बाद दूसरा काम सामने होता था। और काम के बिना भी अब चैन नहीं मिलता था। सच में। मैंने देखा है। जब काम से फ़ुरसत मिलती थी, काम नहीं होता था तो मैं बीमार पड़ जाता था। जैसे शरीर को पता था अब यह ख़ाली है इसके पास कोई काम नहीं है।

फिर एक दिन अचानक रिहर्सल के बाद चाय की टपरी पर सिगरेट सुलगाते हुए अजय बोला, "यार साहिल, भूख ख़त्म हो गई है।"

"भूख? क्यों? कौन-सी वाली भूख?" मैं बोला।

"यही भूख यार, जो हम कर रहे हैं। थिएटर की भूख। हम क्यों कर रहे हैं? आख़िर में क्या मिलेगा? कब तक कर पाएँगे? आख़िरी साल शुरू होने वाला है, उसके बाद?"

थोड़ी देर चुप्पी बनी रही, फिर गरम चाय का घूँट भरा गया। मैं और अजय अक्सर देर शाम काम ख़त्म करके टपरी पर बैठ नाटक लिखा करते थे।

"भूख ख़त्म हो गई है तो दौड़ आ।" मैं बोला।

"हैं!"

"हाँ, और क्या! भूख ख़त्म हो गई है तो दौड़ आ न थोड़ा।"

अजय चीख़ा, "क्या बोल रहा है बे?"

"अरे भूख ख़त्म हो गई है तो दौड़ आ, फिर लग जाएगी। भूख ख़त्म हुई है, मरी थोड़ी है।"

अजय ने सिगरेट का आख़िरी कश भरा और उठ खड़ा हुआ।

"थिएटर में पैसा नहीं है यार। कुछ तो कमाना पड़ेगा न? तूने क्या सोचा है, क्या करेगा कॉलेज के बाद?"

"मैंने इतना कुछ सोचा नहीं है अभी, पर रहना तो आर्ट से जुड़कर ही है। इसके बिना साँस नहीं आएगी। और तुझे अचानक क्या हो गया है? तू कब से ऐसी बातें करने लगा? थिएटर के लिए मर-मिटने की बात करने वाला अजय थिएटर छोड़ने की बात कर रहा है? अबे कम कमाएँगे लेकिन ख़ुश रहेंगे।"

अजय थोड़ी देर चुप रहा। फिर एक गहरी साँस भरी और पेड़ की डालियों को घूरने लगा।

"बहुत कम समय है भाई। बहुत कुछ करना है। बहुत कुछ सीखना है अभी। कभी-कभी लगता है कितना कुछ करना है और कितना कम समय है। काश एक पूरा अलग जीवन होता दुनिया की सारी किताबें पढ़ने के लिए, सारी फ़िल्में देखने के लिए।" मैं चाय का आख़िरी घूँट भरते हुए बोलता हूँ।

घर लौटकर मैं अजय की बात पर सोच-विचार करता हूँ। उसकी बात भी जायज़ है। थिएटर आपको अच्छा इंसान बना सकता है पर क्या आपसे अच्छी ज़िंदगी का वादा कर सकता है? अब यहाँ अच्छी ज़िंदगी से मेरा मतलब था आराम और पैसा। पूरी रात ज़ेहन में बातें मेरे साथ बिस्तर पर करवटें बदलती रहती हैं। अभी कितना कुछ जानना है मुझे अपने बारे में।

आपकी आदतें आपको वो बनाती हैं जो आप हो और जो आप होना चाहते हो। अगर आपको किसी इंसान को जानना है, उसके बारे में जानना है, तो आप उसकी शेल्फ़ में रखी किताबें देख लीजिए या उन किताबों में मार्क की गईं पंक्तियाँ पढ़ लीजिए। किसी भी किताब में आपके दिल को छू जाने वाली पंक्ति का मिलना और उसे अंडरलाइन कर देना... वो दर्शाता है कि आप कौन हो, आप कैसे इंसान हो और आप कैसा सोचते हो!

समय अपनी ही नक़ल करता हुआ आगे बढ़ता जा रहा था। कहानी में मेरा किरदार अब कॉलेज के तीसरे साल में आ चुका था। अब वक़्त था इस जगह को वो सब लौटाने का जो इस जगह ने दो साल मुझे दिया था। मैं नुक्कड़ सँभाल रहा था और अजय स्टेज। थिएटर मेरे लिए बहुत साफ़ जगह थी, परंतु इस जगह जहाँ मैं थिएटर करता था वहाँ दस्तक दी राजनीति ने, और एक अच्छा आर्टिस्ट कभी गड़बड़ाई हुई राजनीति में काम नहीं कर सकता। इस जगह पर काम करना मुश्किल होता जा रहा था। मैं इस सफ़र में एक महकूम बन चुका था। काम की जगह रोज़ लड़ाइयों ने अपना कोरस बना लिया था। मगर इन सब के बीच एक चीज़ हुई, जो मैंने सपने में भी नहीं सोची थी। मैं हमेशा अपने सपने अगले दिन सुबह उठकर भूल जाया करता था। मुझे उन लोगों से बड़ी ईर्ष्या रही है जो अगले दिन सुबह उठकर अपने सपने याद रख पाते हैं। वक़्त के साथ-साथ अब मैं पियानो पर भी अपनी उँगलियाँ ठीक-ठाक जमा चुका था। फिर एक दिन अचानक झटका लगा। हम अपना नाटक करने एक सीनियर म्यूज़िक स्कूल पहुँचे। फेस्ट के शोर में पूरा कॉलेज डूबा हुआ था। लोगों की भीड़ उमड़ी हुई थी। डांस, थिएटर, म्यूज़िक सभी कलाओं के कलाकर जमा हो रखे थे।

भीड़ को चीरते हुए मैं अपना रास्ता खोज ही रहा था कि पीछे की ओर से मेरे दाएँ कंधे पर किसी का हाथ पड़ता है। मैंने पीछे मुड़के देखा और वो सामने थी। वो सामने खड़ी हुई थी। मेरे शरीर में बिजली कौंध गई थी।

हाथों के रोंगटे खड़े हो गए थे। पैर काँप रहे थे।

और वो बोल उठी, "साहिल तुम? मैंने दूर से देखा, मुझे लगा ही था कि तुम हो, पर अपनी आँखों पर विश्वास नहीं हुआ।"

"नग़मा? क्या मैं सपना देख रहा हूँ?" और अचानक मुझे वो कुछ सपने याद हो आए जो मैं सुबह उठकर भूल जाया करता था।

"तुम यहाँ क्या कर रही हो?" गले से जितनी आवाज़ निकल पाई, मैं बोला।

"मेरे कॉलेज में आकर मुझसे पूछ रहे हो मैं यहाँ क्या कर रही हूँ? वाह! पहले तुम बताओ तुम क्या कर रहे हो?"

आँखों के सामने डलहौजी का वो आख़िरी दिन घूम पड़ा। वही हँसी, आवाज़ में वही मधुरता, वही गालों पर गड्ढे, उड़ती ज़ुल्फ़ें, वही झुमके, वही माथे पर सवार छोटी काली बिंदी और कमर के ऊपर से छुपके झाँकता हुआ तिल।

"तुम... मैं... तुम... तुम यहाँ पढ़ती हो? मैं तो यहाँ थिएटर प्रतियोगिता के लिए आया था। मैं अब भी अचंभे में हूँ।"

"मैं भी थी, जब वहाँ दूर से तुम पर नज़र पड़ी तो लग गया कि तुम ही हो। याद है मैंने कहा था कि क़िस्मत ने चाहा तो फिर मिलेंगे कभी?"

"हाँ, देखो क़िस्मत ने चाह लिया। तुम दो सालों में बिलकुल नहीं बदली।"

"हाँ लेकिन तुम बहुत बदल गए हो लगता है। और थिएटर? कैसे?"

"बहुत लंबी कहानी है।" मैं कहता हूँ।

"मुझे कॉफ़ी पीनी है।" नग़मा तुरंत पूछती है, "ज़कात कैसा है? और तुम्हारा लेखन?"

दोनों का जवाब एक ही दिया मैंने, "बढ़िया!"

हम दोनों कॉलेज के कैफ़े के बाहर बेंच पर बैठते हैं।

"तुम इस कॉलेज में?" मैंने पूछा।

"हाँ, फ़ाइनली। वो कर रही हूँ जो चीज़ मुझे ख़ुशी देती है। जो मैं हमेशा से करना चाहती थी। म्यूज़िक।"

"वाह! ये तो बहुत अच्छी बात है। मैं तुम्हारे लिए बहुत ख़ुश हूँ नग़मा।"

"मैं भी। ये मेरा आख़िरी साल है यहाँ। मैं अपने कुछ गाने निकाल चुकी हूँ, सुनाऊँगी तुम्हें। इसके बाद एक स्टूडियो में मेरी प्लेसमेंट भी हो चुकी है। फ़िलहाल मैं कुछ बच्चों को पियानो भी सिखाती हूँ।"

"तुम मेरी बात का विश्वास नहीं करोगी।" मैं कहता हूँ।

"क्या? बोलो?"

"मैं भी पिछले डेढ़ साल से पियानो सीख रहा हूँ। अब ठीक-ठाक बजा लेता हूँ।"

"क्या बात कर रहे हो? मैं बहुत ख़ुश हुई ये जान के। साहिल, ऐसा लग रहा है बरसों पुराने खोए हुए दोस्त से फिर मिल गई हूँ। मुझे सब जानना है तुम्हारे बारे में। चलो बताओ। थिएटर से शुरू करो।"

"पढ़ लो।"

"पढ़ लूँ?"

"हाँ, मैं एक उपन्यास लिख रहा हूँ। उसमें सब दर्ज है। मैं तुम्हें भेजता हूँ। अपना नंबर..." मेरे बोलते ही नग़मा अपनी सुरमई आँखें बड़ी करके मेरी ओर देखती है।

"अब नंबर माँगना सही होगा। नहीं?"

"हाँ बिलकुल।" एक अजीब-सी, मीठी ख़ामोशी हमारे बीच कॉफ़ी के साथ टेबल पर आ बैठती है। मैं नग़मा को पिछले अध्याय तक लिखा हुआ पीडीएफ़ भेजता हूँ।

"वाह साहिल! तुमने तो काफ़ी लिख लिया। तुमने तब क्यों नहीं बताया कि तुम पूरा उपन्यास लिख रहे हो? और इसमें तुम्हारे बारे में, थिएटर सब दर्ज है?" नग़मा पूछती है।

"हाँ लेकिन यह आत्मकथा नहीं है। यह आत्मकथा क़तई नहीं है। यह आत्मकथा हो भी नहीं सकती। मैं तो केवल एक लेखक हूँ, जिसके पास कई जोड़े जूते हैं। एक लेखक के पास ही तुमको सबसे ज़्यादा जूते मिलेंगे, किरदारों के जूते। मैं चाहते या न चाहते हुए भी इस कहानी का किरदार बहुत समय पहले ही बन चुका था।"

"क्या कह रहे हो?" नग़मा के माथे पर बिंदी के ठीक ऊपर कुछ लकीरें उभर आती हैं। उल्टा चंद्रबिंदु।

"कुछ नहीं। किताब पढ़ोगी तो जान जाओगी।" मैं कहता हूँ।

और फिर कॉफ़ी के साथ ख़ूब सारी बातें होती हैं। एक सुंदर शाम अंजाम को पहुँचती है।

Where there is autocracy, there is no space for art.

उस दिन देर शाम जब मैं घर पहुँचा तो दिल ख़ुश था, मगर दिमाग़ चिंतित। साहिल कभी नग़मा को फिर से देख पाएगा, उससे मिल पाएगा, यह उसने बस रात के भूले सपनों में ही सोचा था। जितना ख़ुश वह नग़मा से मिलने पर था, उतना ही चिंतित यह सोचकर था कि वह ज़कात को कैसे बताएगा कि उसे नग़मा मिली, उन्होंने साथ कॉफ़ी पी और ख़ूब बातें कीं, और उसने नग़मा से उसका फ़ोन नंबर भी माँगा!

मैं घर पहुँचा तो ज़कात अपने कमरे में सो रहा था। मैं अपने कमरे में गया, सामान रखा, हाथ-मुँह धोया और किचन में कुछ खाना मिल जाने की उम्मीद से ढूँढ़ने लगा। आज खाना बनाने वाली आंटी नहीं आई थीं। कच्ची सब्ज़ियाँ भी नहीं पड़ी थीं। रात का खाना बाहर से मँगवाया गया। जब तक खाना आया उतने में ज़कात भी उठ गया था।

"ज़कात, तुम विश्वास नहीं करोगे आज क्या हुआ।" मैं बोला।

"तुम विश्वास नहीं करोगे मैंने अभी क्या सपना देखा। क्या शाम के सपने सच होते हैं?" ज़कात अपनी आँखें मलते हुए बोला।

"तुम्हें तो अपने सपने याद नहीं रहते थे?" पूछने के साथ मैंने सोचा, 'होते होंगे शायद!'

"तुम बताओ क्या कह रहे थे?"

"मैं आज नग़मा से मिला।" मैं बोला।

"मैंने सपने में नग़मा को देखा।" ज़कात बोला।

"हैं! क्या? सच में? ये क्या ताज्जुब है?" मैं आश्चर्य में था।

ज़कात बोला, "क्या तुम सही में मिले? मैंने तो बस सपना देखा।"

"हाँ, जहाँ आज प्रतियोगिता थी वहीं। हमारा नाटक प्रथम आया। मैं कॉलेज से घर के लिए निकला ही था कि नग़मा दिखी। अजीब है न?"

"वाह! कैसी है वो?" ज़कात ने पूछा।

“बिल्कुल वैसी जैसी हमने आख़िरी बार देखी थीं। ख़ुश थी। आख़िरकार म्यूज़िक कर रही है। उसने मुझे अपना नंबर भी दिया।”

“बहुत ख़ूब।”

“लेकिन ज़कात, तुम...” मेरे गले में आवाज़ रुकी।

ज़कात बोला, “चुप कर। तुमने ही बोला था न कि क़ुदरत ने कभी चाहा तो ख़ुद मिल जाएँगे। बिना अता-पता जाने, बिना नंबर माँगे।”

“हाँ, लेकिन...”

“लेकिन-वेकिन कुछ नहीं। फिर कब मिलेगा उससे? उसने मेरे बारे में पूछा कुछ?”

“हाँ पूछ रही थी तुम कैसे हो। पता नहीं कब मिलेंगे। लेकिन अब नंबर दे दिया है उसने तो बात होती रहेगी शायद। मैंने उसे शून्य से आख़िर तक के बारे में भी बताया। वो पढ़ेगी।” मैं बोला।

ज़कात बोला, “सही है। चल खाना ठंडा हो रहा है खा लेते हैं। कहाँ से मँगवाया है?”

हमने खाना खाया। ज़कात ख़ुश था। लेकिन एक विचित्र अटपटापन मुझे हमारे बीच महसूस हुआ था। मैं अपने कमरे में जाकर लिखने ही लगा था कि तभी नग़मा का मैसेज आया।

‘आज तुमसे मिलकर अच्छा लगा। कितना अचंभा है! दिल्ली सही में कितनी बड़ी होकर भी कितनी छोटी है। और कितनी छोटी होकर भी कितनी बड़ी। मैं तुम्हारी किताब पढ़ना शुरू करूँगी कल से। आशा है हम फिर जल्द मिलेंगे। और ज़कात से भी मेरा हाय बोलना। गुड नाइट!”

वहीं दूसरी ओर चीज़ें बिगड़ने लगी थीं। थिएटर में थिएटर छोड़ सब होने लगा था। तीन साल उस जगह को देने के बाद कॉलेज के आख़िरी तीन महीने बचे थे। लेकिन साहिल जिस जगह पर आर्ट नाम की साँस भरता था, वहाँ अब उसका दम घुटने लगा था। पॉलिटिक्स नाम की दीमक क्रिएटिव डिफ़रेंस नाम की लकड़ी को खा रही थी। मेरे ही नाटक पर मेरा

कोई हक़ नहीं बचा था। और बिना हक़ के मेरा वहाँ रहने का कोई सवाल नहीं उठता था। एक आर्टिस्ट के लिए उसका आर्ट काफ़ी निज होता है। उसके लिए उसके आर्ट की क़ीमत है लोगों का प्यार और सम्मान। ऐसे में अगर उसका आर्ट ही उससे दूर कर दिया जाए तो वह भूखे पेट ही मर जाता है। ऐसा नहीं है कि मैंने कोई ग़लती नहीं की थी। पेन से की गई ग़लतियों और पेंसिल से की गई ग़लतियों में अंतर होता है। पेन वाली ग़लती पन्ने पर रह जाती है। पन्ना यदि फाड़ दो तब भी रह ही जाती है। पेंसिल वाली ग़लती मिटाकर ठीक की जा सकती है। आपके पास एक मौक़ा होता है। लेकिन मैंने पेन वाली ग़लती कर दी थी। उसको मैं चाहे कितना ही सही कर लेता, काटने के निशान ज़िंदगी भर पन्ने पर ही रहते।

मैंने कभी नहीं चाहा था कि मैं किसी और की कहानी में कलुषता बनूँ कि जब मैं अपनी जी हुई कहानी में पन्ने पलटकर देखूँ तो मैं एक बुरा इंसान दिखूँ। सब अपनी कहानी का हीरो बने रहना चाहते हैं, और बनते भी हैं क्योंकि वो ख़ुद अपनी कहानी लिख रहे होते हैं। कोई और उन्हें नहीं बताता कि क्या लिखना है। ख़यालात के जिए हुए में आप ख़ुद को विलेन नहीं देखोगे, आप हमेशा सपनों में सबको बचाए रखने वाला हीरो ही बने रहना चाहते हो। दुनिया का कोई इंसान तय नहीं कर सकता कि आप कौन हो सकते हो और कौन नहीं। किसी लेखक की क़लम में भी इतनी हिम्मत नहीं होती कि वो एकतरफ़ा कहानी लिखकर अपना पल्ला झाड़ ले और आपको ग़लत ठहरा दे। यह उसके लिए अपने पात्र के साथ धोखा होगा और आपके साथ आपकी असल ज़िंदगी में न्याय भी नहीं होगा। मैं कुछ पेन वाली ग़लतियाँ कर चुका था।

हर रिश्ते की अपनी एक उमर होती है जिसके पूरे हो जाने के बाद उसे चाहकर भी नहीं निभाया जा सकता। हंसों के आख़िरी गीत की तरह मेरा अज़ीज़ मित्र अजय भी मुझसे दूर जा रहा था। सफ़र में मैंने जितने अपने कमाए थे उससे ज़्यादा खो चुका था। मैंने वेटर की तरह अपना काम

और मेहनत टेबल पर रख दी थी। जब-जब मैंने सोचा था प्यार कमाऊँगा, लोगों ने टिप में सिर्फ़ नफ़रत ही दी। मुझे अपनी कमाई गई चीज़ों की भी एक क़ीमत चुकानी पड़ी। आख़िर में जब आपके साथ कुछ नहीं रहता, लोग भी नहीं रहते तो सिर्फ़ आपका काम होता है जो आपका हाथ थामे होता है। इस वक़्त मेरा काम भी जा चुका था। मेरा सब मेरे हाथ से छूट चुका था। जैसे काम नाम का मेरा छोटा बच्चा हो और मेले में मेरा हाथ छुड़ा के कहीं भीड़ में किसी और के पीछे चल दिया हो। दुख इस बात का था कि जिसको समझा था हमेशा साथ रहेगा, वो अजय भी हाथ छुड़ाकर जा चुका था।

साहिल बोला, "मैं अच्छा इंसान नहीं हूँ। मैं पहले शायद ठीक-ठाक इंसान हुआ करता था, पर अब मैं ख़ुद को ठीक भी नहीं समझता। मैं अपनी हार अपने लिखे में छुपाता हूँ। अपना ग़ुस्सा, अपना रोना, अपना दर्द सब लिखे पर उतारता हूँ। मैं एक स्वार्थी इंसान हूँ। भावनाहीन हूँ और पत्थर बनता जा रहा हूँ। मुझे सबका एहसास है। मैं जब किसी को समय नहीं देता तो मुझे पता होता है कि मैं ग़लत हूँ, पर मैं कुछ नहीं कर पाता। मैं अब सीख चुका हूँ। स्वार्थी होना ग़लत नहीं। ख़ुद पर ध्यान देना ग़लत नहीं। मैं ख़ुश रहता हूँ। मैं काम करता हूँ और ख़ुश रहता हूँ। मैं परवाह नहीं करता। मैं ग़लत हूँ, पर मैं सुखी हूँ। उसके आगे मैं कुछ नहीं जानता।"

आख़िर में जब साहिल थिएटर से जा रहा था, या भेजा जा रहा था, तब लग रहा था जैसे सब मिट्टी में था। मेरी महीनों-सालों की मेहनत। मेरा काम जिसे मैं अपना नहीं कह सकता था। कोई और जो मेरे उगाए पेड़ के फल का स्वाद लूट रहा था। और पेड़ के पास उगते हुए नए पौधे जिनको लगता था उनका माली भी वही है जो फल खा रहा है। जिसने फल उगाया था वो पार्क के बाहर खड़ा था, जिसे अंदर घुसने की अनुमति नहीं थी। अपने पेड़-पौधों की छाया में सुस्ताने का प्रलोभन नहीं था। बाहर खड़ा मैं और मेरे आँसू जो बारिश बनकर कहीं-न-कहीं अभी भी मिट्टी

को उपजाऊ बनाए रखने की कोशिश में थे। मैं कौन?

मैं न माली
मेरी न मिट्टी
न पेड़, न फल
न नए पौधे
मेरी केवल बारिश...

आप अपनी पूरी ज़िंदगी, कितना ही कुछ सही क्यों न कर लो, लोगों को आपको सही समझने या मानने में अंततः समय लग जाता है, परंतु केवल एक ग़लती आपकी पूरी ज़िंदगी ग़लत बना सकती है। आप कितना ही प्रयत्न कर लो लेकिन अंत में आपके हाथ से गूँधे हुए आटे की, हाथ से बेली हुई रोटियाँ खाने वाले ही आपकी थाली में थूककर जा सकते हैं।

लेकिन अफ़सोस इस बात का भी था कि जिस दिन मेरा थिएटर में आख़िरी दिन था, मुझे ख़ुद पता नहीं था कि मेरा यह दिन नुक्कड़ का आख़िरी दिन है। अगर मुझे पता होता कि यह मेरा नुक्कड़ का आख़िरी दिन है, अगर मुझे पता होता कि आज मैं आख़िरी बार कोरस में प्रवेश करूँगा, तो शायद मैं उस दिन सुबह उठता ही नहीं। थिएटर का आख़िरी दिन मेरे लिए ऐसा था जैसे किसी अपने को मृत्यु से पहले आख़िरी बार देखना। अगर आपको पता होता कि आप इस व्यक्ति को आख़िरी बार देख रहे हो तो आप उससे कभी आँखें ही नहीं हटाते।

जो हमारे पास होता है हम उसकी क़द्र नहीं करते। मिले का इस्तेमाल नहीं करते। उसे आज़माते नहीं। उसे उस 'एक दिन' के लिए बचाकर रखते हैं, और पूरी ज़िंदगी निकाल देते हैं। हम पता लगाने की कोशिश भी नहीं करते कि आगे क्या? अगर हम वो एक ताला खोलकर देख लेते जिसकी चाबी हमारी जेब में ही थी तो न जाने उस दरवाज़े के पीछे क्या निकल आता! हम सब कुछ मिला हुआ उस 'एक दिन' के

लिए सँभालकर रखते हैं। और एक दिन वो एक दिन आ जाता है और सँभालकर रखा हुआ रखा रह जाता है। और फिर आख़िर में बहुत समय से सँभालकर मुट्ठी में कसकर पकड़ी गई, छुपाई गई चीज़ आपके हाथों में निशान बनाने लगती है। जो चीज़ आप कभी भी खोने देना नहीं चाहते थे, कसकर पकड़े रहना चाहते थे, वही आप एक दिन ख़ुद अपनी मर्ज़ी से छोड़ आते हो। शायद कई चीज़ों को छोड़ देने का भी अपना एक सही वक़्त होता है।

जिस जगह से और जिन लोगों से मैं प्यार और सम्मान की उम्मीद रखता था, वहाँ से मैं नफ़रत कमाकर और आत्मसम्मान गिराकर आया था। मेरी माँ ने मुझे हमेशा से सिखाया था कि आत्मसम्मान से बड़ी कोई चीज़ इस विश्व में नहीं है। किसी एक चीज़ को बहुत समय से चबाते रहने से उसका स्वाद चला जाता है। यह दोष खाने वाले या उसे बनाने वाले का नहीं है। जब कोई दोषी नहीं होता तो सारा इल्ज़ाम सारी उँगलियाँ वक़्त पर उठा दी जाती हैं।

मैं थिएटर से दूर जा रहा था और अपने लोग जिनके साथ मैंने थिएटर किया था वो मेरे हाथों से छूट रहे थे और मैं कुछ नहीं कर सकता था। बेबसी और लाचारी इंसान के सबसे कमज़ोर क्षणों को जन्म देती है। मैं बेबस था। डरा हुआ था। और आख़िर में डर का या तो सामना करना होता है या उसे नज़रअंदाज़, आप डर की रस्सी पर बीच में नहीं झूल सकते। लेकिन हम अक्सर दुख, डर लिखते हैं, काली रातें लिखते हैं, सुनहरी सुबह नहीं। इस दुनिया में हर व्यक्ति को यही लगता है कि उसका दुख ज़्यादा बड़ा है, पर आख़िर में सबके दुख एक-से ही होते हैं। इस आख़िर में अच्छी-बुरी चीज़ों को छोड़ वक़्त के साथ आगे बढ़ जाना ही ज़िंदगी है।

हम सब अपनी कहानी लिखने के चक्कर में जीना भूल जाते हैं। कहानी कभी ख़त्म नहीं होती। कहानी हमेशा, हर पल निरंतर बह रही होती है। जब भी लगता है कहानी ख़त्म होने वाली है, लेखक को कुछ नया सूझ जाता है और वो उसे दर्ज करने में जुट जाता है। आख़िर तक के सपने में... आख़िर में सारी ज़िंदगी बस एक बुरा सपना थी। हम सब सो रहे थे।

जहाँ एक ओर थिएटर की दुनिया से विदाई हो रही थी वहीं दूसरी ओर मेरा और नग़मा का मिलना शुरू हो चुका था। नग़मा किताब पढ़ना शुरू कर चुकी थी। इस बीच मैं सोच रहा था कि जब यात्रा के आख़िरी दिन वाले भाग पर वो ख़ुद का नाम पाएगी तो उसकी क्या प्रतिक्रिया रहेगी। नग़मा और मैं एक-दूसरे के क़रीब आ रहे थे। मेरी हिम्मत नहीं हो रही थी फिर उन पुरानी गलियों में घुसने की।

जब भी मैं नग़मा के साथ होता, कुसुम के साथ बिताया अतीत मेरी आँखों के आगे दौड़ जाता। कुसुम जैसे फूल के ऊपर शाम की तितली जैसे कोई पुरानी मीठी याद लेकर आती है। पर शाम की तितली, रात का चमगादड़ बनकर सोने से पहले आपके पीछे चक्कर काट रही होती है। लेकिन जब आप मुड़कर देखते हो तो कोई नहीं होता। कितनी दफ़ा मैं जब एक करवट में सो रहा होता हूँ तो ऐसा लगता है कि पीछे दूसरी करवट कोई है। 'पीछे कोई है' के डर के कारण मैं करवट बदलता हूँ तो कोई नहीं होता और फिर लगता है जैसे पीछे कोई है। और इस सब के चलते सुबह हो जाती है।

कोई नीयत से मजबूर लेखक भी, दूसरों से पहले ख़ुद का फ़ायदा उठाना सीखता है। अपने पुराने ज़ख़्मों को कुरेद के भी सुख़न चुरा ही लेता है। लेकिन अतीत के ज़ख़्मों को कुरेदने से ख़ून नहीं दर्द बाहर आता है।

कुछ घाव इतने गहरे होते हैं कि शरीर के साथ रूह को भी घात पहुँचा देते हैं। ऐसे में कुसुम की याद का आना और डर जाना। यथार्थ और कल्पना के बीच में जो वर्तमान वाला साहिल है, यानी मैं, ऐसे में कभी-कभी मुझे पुराने साहिल की बहुत याद आती है। पुराना साहिल। स्कूल के दिनों वाला साहिल। स्कूल के दिनों में जो हम समझते हैं कठिन दिन हैं, वही अब सबसे प्यारे दिन लगते हैं। वो दिन तो बस आगे के जीवन की तैयारी के लिए थे। अब जब भी मुझे स्कूल के दिन याद आते हैं तो याद आती है कुसुम। जैसे सुंदर चीज़ पर कोई दाग़। जैसे चाँद। या जैसे मीठी चाय के ऊपर मँडरातीं मक्खियाँ।

मेरी और नग़मा की कहानी तो अभी शुरू भी नहीं हुई थी। अभी तो मैं नग़मा के साथ उन पन्नों पर था जिनका कुछ नहीं होता। जैसे आप यह या कोई भी किताब ले लीजिए। शुरुआत के चार-पाँच पन्नों का कुछ नहीं होता, वो बस यूँ ही होते हैं। मुझे कहानी का नहीं पता था, पर अंजाम लिखने के लिए मैं शून्य से पहले ही सीधे आख़िर के पन्ने पर जाना चाहता था। मुझे शुरुआत में ही अंत लिखना था। जैसे हमेशा बाज़ार में नाना-दादा की छोटी उँगली थामे या बालों को कस के पकड़ कंधों पर बैठकर साथ चलने वाला अंत।

वहाँ दूसरी ओर थिएटर से बाहर आने के बाद ज़िंदगी में एक ख़ालीपन भर गया था। मैं पीड़ा में था। अकेलेपन का बस्ता टाँग घर से बाहर निकलता था। मैं अकेलेपन में शांत होता चला गया। वैसे भी कभी बोलने में अच्छा नहीं था। पापा बताते थे कि बचपन में भी मैंने काफ़ी समय बाद बोलना शुरू किया था। और जब बोलता था तो तुतलाता था। मैं भरी महफ़िलों में भी ख़ुद को अकेला पाता था। मैं पहले ही कम बोलता था, पर अब चुप्पी और घर कर गई थी। लेकिन मैं सुनता काफ़ी अच्छा था। हर व्यक्ति घंटों मेरे पास आकर बोल सकता था और मैं घंटों सुन सकता था। समाज में सारे आर्ट ऑफ़ स्पीकिंग की बात करते हैं। उसकी महत्ता

पर न जाने कितनी ही सेल्फ़ हेल्प किताबें छप चुकी हैं। लेकिन आर्ट ऑफ़ लिसनिंग के बारे में कभी कोई बात नहीं सुनी जाती। ख़ैर, चुप्पी के साथ अपेक्षा यह थी कि बोलना ही कम होगा, क़लम की रफ़्तार नहीं थमेगी। परंतु मेरे साथ-साथ मेरा लेखन भी शांत हो गया था।

कुछ-कुछ दिन बाक़ी दिनों के मुक़ाबले कम जीने का मन करता है। लगता है कि काश हमारे शरीर में पीछे कमर पर रीढ़ की हड्डी के पास कोई स्विच ऑफ़ का बटन होता। पर ऐसा संभव नहीं है, आप थोड़ी देर ज़िंदगी को टालने के लिए ख़ुद को स्विच ऑफ़ नहीं कर सकते, क्योंकि जब आपका दुबारा जीने का मन करेगा आप ख़ुद को स्विच ऑन नहीं कर पाओगे। आप ऑफ़ पड़े रहोगे। मैं इन्हीं 'कुछ-कुछ' नाम के दिनों में ख़ुद को चार्ज करने के लिए अब कविताएँ लिखना शुरू कर चुका था, या चित्र बना लिया करता था।

मैं सब कर लेना चाहता था। समय बहुत कम है और करने को बहुत कुछ। मैं दुनिया में बनी सारी फ़िल्मों को देख लेना चाहता हूँ, सारे गानों को सुन लेना चाहता हूँ, सारी लिखी किताबों को पढ़ लेना चाहता हूँ, सारे उमड़े ख़यालों को लिख लेना चाहता हूँ।

यह कितना बड़ा उपहास है न कि आप बाज़ार से क़लम, काग़ज़, किताब तो ख़रीद सकते हो पर शब्द, सोच, तजुर्बे नहीं। पिछले कुछ समय से मुझे शब्दों की थोड़ी कमी पड़ रही थी। बहुत कुछ कह देने के बाद भी, लिख देने के बाद भी ऐसा लगता था जैसे बहुत कुछ कहना और लिखना अभी बाक़ी है। कुछ विचित्र-सा ख़ालीपन लगता था कहे हुए में। ऐसा पहली बार था जीवन में कि लगातार इस प्रकार का ऐसा कुछ लिख रहा था। अब तक मैं बस मन का लिखता आया था जिसको शायरी, कविता, कहानी कुछ भी नाम नहीं दिया जा सकता था। वो बस यूँ ही होता था। जैसे कुछ चीज़ें बस यूँ ही होती हैं। वैसा लिखने में और एक उपन्यास लिखने में बहुत अंतर है। अगर बाक़ी सब लिखना पूजा है तो उपन्यास लिखना

ख़ुद में एक कड़ी तपस्या। पूजा छोटे समय में बड़ा सुख देती है। तपस्या सालों लेती है, पर बदले में 'कुछ मिलेगा ही' का कोई चमत्कार होना ज़रूरी नहीं है। मैंने तब ज़्यादा कुछ सोचे-समझे बिना यह उपन्यास शुरू तो कर दिया था, पर मुझे तब समझ में आने लगा था कि यह इतना सरल तो हरगिज़ नहीं होगा। अपना उपन्यास लिखना, उसे छपवाना आदि लग रहा था कि यह मेरे बस की बात नहीं है। आख़िर में मन का लिखने और सच लिखने में बहुत अंतर होता है, पर जब मैं अंकों के मैदान में निहत्था आ ही गया था, तो वापस मुड़कर शून्य की ओर जाना कायरता भरा होता। मैंने अपनी क़लम को ही तलवार बनाकर थोड़ा साहस जुटाकर सारे बुरे ख़यालात, सारे डरों को भगाकर वार किया था।

हर बार मैं उपन्यास किसी ऐसे मोड़ पर लाकर छोड़ देता था जहाँ से अगली बार शुरू करना मुझे असंभव के नज़दीक ही प्रतीत होता था। पर अफ़साने कभी रुकते नहीं। अफ़साने हमेशा चलते रहते हैं। ख़त्म होने के बाद भी। उन्हें बस एक ख़ाली पन्ना चाहिए होता है। मैं आख़िरी अध्याय ख़त्म कर चुका था। लग रहा था जैसे सालों की मेहनत कुछ रंग ला रही है। मैं किताब प्रकाशन के लिए पीडीएफ़ मेल कर चुका था।

उस वक़्त ज़कात इकलौता था जो मेरे साथ हमेशा खड़ा रहा था। शून्य से आख़िर तक। पर अब जब आख़िर नज़दीक था, उसके जाने का समय भी हो चला था। यह आख़िर वो था जो हमें पता था एक दिन हमारे सामने आ खड़ा होगा। तभी मैं आख़िर से हमेशा बचता आया हूँ। बहुत कोशिश की आख़िर को टालने की, उससे बचने की लेकिन आख़िर से बचा नहीं जा सकता। हमेशा मंज़िल की फ़ोटो लेने में हम इतने अंधे हो जाते हैं कि हमसफ़र में क्या है, उसके लिए आँखों के कोने में जगह ही नहीं बनाते।

मैं आख़िरी पन्ना लिखता हूँ। एक काग़ज़ पर कविता और उसका नाम लिखता हूँ और उसकी नाव बनाता हूँ। लकड़ी की नाव में एक काग़ज़ की नाव डाल देता हूँ। ज़कात मुझसे विदा लेता है।

"मेरा काम यहीं तक था। चलता हूँ। फिर मिलेंगे कभी सड़क किनारे, या छत पर, बरगद के पेड़ के नीचे, पार्क में बेंच पर, किताबों में, गानों में, दोस्तों में, रिश्तेदारों में, बादल में, काग़ज़ की नाव में।" यह कहकर ज़कात चल देता है।

मुझे पता है वो फिर आएगा, मुझसे फिर मिलेगा। सड़क के किनारे हाथ हिलाता हुआ लिफ़्ट माँगने के बहाने बाइक पर पीछे बैठ जाएगा। छत पर घर के बग़ल में रहने वाली लड़की बनकर बाल सुखाने, बरगद से लटकती लटों की तरह, जैसे पार्क में बेंच के लिए लड़ते, जैसे किसी अंजान व्यक्ति की तरह, किताब की पंक्तियों के बीच में ख़ाली स्पेस में, धुन में, तारीफ़ों में, तानों में, बारिश की बूँदों में, कीचड़ में, विशाल समुद्र के बीच या साहिल पर।

ज़कात कोरोना काल में, फ़र्स्ट सेमेस्टर में मेरा रूम मेट बनकर आया था जब मैं पूर्णतः अकेला था। अकेले यात्रा में ज़कात हमेशा मेरे साथ रहा। शायरी उसी का एक हिस्सा थी। जब भी मैंने बैग पैक किया, साथ में उसका भी किया। जब भी चाय मँगवाई दो मँगवाई। यात्रा का टिकट लिया तो दो लिया। ज़कात मेरा कौन था या मैं ज़कात का कौन था, इसका उतर मैं अभी तक नहीं जान पाया। पर ज़कात सिर्फ़ मेरा नहीं है। सभी का कोई-न-कोई ज़कात है। ज़कात सोच है, ज़कात बादलों के ऊपर पंख फैलाए चील है, ज़कात ज़मीन पर रेंगती, चलती, पर कभी न रुकती चींटी की कोशिश है। ज़कात ख़ुशबू है गुल की, कीचड़ में खिलता कमल है, ज़कात लगन है थियेटर के कलाकार की, ज़कात जतन है लेखक की क़लम से निकले हर अशआर की। ज़कात मुझमें है, तुममें है, हम सब में है बस आपके अंदर जो होगा उसका नाम ज़कात नहीं होगा, कुछ और होगा पर काम वही होगा। आख़िर में ज़कात का जाना उतना ही ज़रूरी है जितना आवश्यक उसका आना। ज़कात के जाने के बाद ज़िंदगी में बड़ी त्रासदी हुई, सुकून की तलाश में तूफ़ान आया, और फिर प्रतीक्षा करने पर

तूफ़ान के बाद आख़िरकार शांति आई।

कभी किसी बड़ी त्रासदी के बीच, सुकून की तलाश में मैं सिर ऊपर करके आकाश की गहराइयों में देखने लगता हूँ। आकाश को देखने की प्रक्रिया में कब मैं चील का पीछा करने लगता हूँ, मैं कह नहीं सकता। चील बन जाने के प्रलोभन में मैं भी कब उड़ने लगता हूँ, मुझे पता नहीं लगता। सच में। मैंने महसूस किया है ख़ुद का चील बन जाना। त्रासदी की बारिश से बचने और सुकून की तलाश में मैं बादलों के ऊपर उड़ जाता हूँ। जहाँ सिर्फ़ मैं होता हूँ और त्रासदी के बाद की प्रतीक्षा। सबसे बड़े तूफ़ान के पीछे चलकर आती है सबसे गहरी शांति। शांति के माहौल में चील से कब मैं फिर इंसान हो जाता हूँ और मरे चूहों के ऊपर मँडराने लगता हूँ इसका भी कुछ ख़ास ब्योरा मैं आपको दे नहीं सकता हूँ। आख़िर और शून्य के बीच की लड़ाई में ज़रूरी नहीं सब आख़िर पर ही ख़त्म हो। कुछ चीज़ें आख़िर के बाद भी निरंतर चली जाती हैं। जैसे समय, लोगों का आपके प्रति प्यार, और शायद मृत्यु।

जब मैं अपने लेखन के शून्य पर था, जब मुझे हिंदी में लिखना तो दूर ढंग से पढ़ना भी नहीं आता था, तब उस वक़्त माँ ही थीं जिन्होंने कहा था– 'कुछ भी लिखो बेटा, जो तुम्हें सही लगता है। जो तुम्हारा मन कहता है, वो लिखो।' यह उनका प्रोत्साहन ही था कि मैं आज अपनी पहली किताब प्रकाशित करवाने के इतने नज़दीक था, और वो पहली हैं जो मेरे पहले उपन्यास को सबसे पहले पढ़ रही हैं। कई बार शून्य से अंक में आगे क़दम बढ़ाने के लिए सही वक़्त में सही इंसान का एक 'प्रोत्साहन' नाम का धक्का ही बहुत होता है। अब अकेलेपन के बस्ते का भार नग़मा के आने से हल्का हो गया था। उन दिनों मुझे फिर धुन मिली, जीवन में नए सुर मिले और मेरी नग़मा मिली। मानव कौल ने ही कहीं लिखा है कि आप थिएटर से दूर जा सकते हैं लेकिन थिएटर आपसे दूर कभी नहीं जा सकता। मुझे याद है जब मैं थिएटर से दूर जा रहा था तो तुमने मेरे नुक्कड़

के उस लाल कुर्ते का एक धागा उधेड़कर मेरे ब्रेसलेट से बाँध दिया था, ताकि मेरे शरीर के ही किसी अंग की तरह मेरा कुर्ता हमेशा साथ रहे।

माँ, बहन और अजय के बाद नग़मा चौथी थी जो मेरी किताब पढ़ने जा रही थी।

"साहिल, तुमने मुझे जहाँ तक किताब दी थी, वहाँ तक मैं पढ़ चुकी हूँ। उसके आगे? आख़िर..." नग़मा बोली।

"इस दुनिया में सबकी बहुत-सी कहानियाँ होती हैं। कुछ कह दी जाती हैं और कुछ रह जाती हैं। लेकिन नग़मा हमारी कहानी किसी की तालियों की मोहताज नहीं।" मैं अपने घुटने पर बैठकर नग़मा के हाथ में एक चिट्ठी पकड़ाता हूँ।

नग़मा के लिखे उस संगीत नोट्स को पियानो पर बजाकर उसे सुनाता हूँ।

नग़मा, मैं जैसे सआदत हसन था
और ज़कात था मंटो
वो मुझे पूरा करता था
उसके बिना मैं कुछ नहीं और उसके साथ मैं जीवित

और अंत में मैं जैसे केवल धनपत राय था
तुमने मुझे प्रेमचंद किया
मुझे पूरा करने के हर हल् चिह्न (्) का तुम जमा (अ+अ) हो।

डोर का एक सिरा तुम होना, दूसरा मैं। थोड़े अलग, थोड़े परेशान, पर आशा की डोर थामे हुए मचल रहे थे अपनी-अपनी तरफ़। मगर एक दिन हम मिलेंगे ज़रूर, एक दिन बँधेंगे ज़रूर। कुछ पंक्ति के सिरों से जुड़कर बाँधेंगे मिलन की एक गाँठ। बनाएँगे एक गोल आकार।

जिसमें रहेंगे साथ उम्र भर... शून्य से आख़िर तक।